हड़पद अप्पण्णा-लिंगम्मा

हड़पद अप्पणा-लिंगम्मा

प्रो. काशीनाथ अंबलगे

लोकभारती प्रकाशन

लोकभारती प्रकाशन
पहली मंजिल, दरबारी बिल्डिंग, महात्मा गांधी मार्ग
इलाहाबाद-211 001

वेबसाइट : www.lokbhartiprakashan.com
ईमेल : info@lokbhartiprakashan.com

शाखाएँ : 1-बी, नेताजी सुभाष मार्ग, दरियागंज
नई दिल्ली-110 002
अशोक राजपथ, साइंस कॉलेज के सामने
पटना-800 006
36 ए, शेक्सपियर सरणी, कोलकाता-700 017

पहला संस्करण : 2020

मूल्य : ₹ 300

बी.के. ऑफसेट
नवीन शाहदरा, दिल्ली-110 032
द्वारा मुद्रित

HADAPADA APPANNA-LINGAM
by Prof. Kashinath Ambalge

ISBN : 978-93-89742-01-5

जीवनसाथी
प्रो. लील अंबलगे
को

लेखक की एकाध बात

कोई भी साहित्य समाज हित में लिखा जाता है, तभी वह साहित्य कहलाता है। इस अर्थ में कन्नड़ साहित्य के इतिहास में बारहवीं सदी का वचन साहित्य सच्चे अर्थ में अपने समकालीन समाज के हित में लिखा हुआ साहित्य था। भारत के इतिहास में पहली बार यहाँ उपेक्षित निम्न जाति और निम्न वर्ग के श्रमिकों को बोलने का अधिकार मिला और उनका 'बोलना' ही श्रेष्ठ 'वचन साहित्य' बन गया।

वह सच्चे अर्थों में जन साहित्य इसलिए है कि यहाँ सैकड़ों की संख्या में शरण और शरणियों ने साहित्य सृजन में अपने को सामाजिक सरोकार से गले लगाया। ये वचन साहित्यकार पुरुष 'शरण', 'शिवशरण' कहलाते तो स्त्री 'शरणी' अथवा 'शिवशरणियाँ' कहलाती हैं। विश्व साहित्य के सन्दर्भ में ही इतनी बड़ी संख्या में महिलाओं की भागीदारी होना और पुरुषों के साथ समान रूप के स्तर पर बैठकर साहित्य का लेखन करना विरले ही देखने को मिलते हैं। आज लगभग आठ-नौ सौ वर्षों के बाद भी पैंतीस से अधिक शिवशरणियों का वचन साहित्य उपलब्ध होने का विचार अत्यन्त ही रोचक सांस्कृतिक महत्त्व की बात लगती है। विश्व के इतिहास में स्त्री के मानव संसाधन और उसकी अस्मिता की उपेक्षा ही की गई है। पर वचन साहित्य सन्दर्भ में स्त्री पुरुषों के साथ समान रूप से 'अनुभव मंटप' में बैठकर चर्चा-परिचर्चाओं में भाग लेती थी, अध्यात्म एवं सामाजिक समस्याओं पर वचन साहित्य की रचना करती थी। इस काल सन्दर्भ में दलितों की संवेदनशीलता भी और उनकी भावनाओं की अभिव्यक्ति भी प्रमुख रूप से कन्नड़ भाषा द्वारा होती है।

वचन साहित्य का विशेष आशय था सबको सब प्रकार की समानता, यों कहिए कि वचन साहित्य में 'समता ही एक योग है' की विचारधारा ऊँची आवाज में सुनाई देती है। वर्णव्यवस्था, जातिवाद, अस्पृश्यता का उन्होंने विरोध किया है। समसमाज का सपना उनके साहित्य की प्रमुख चेतना रही है।

यहाँ सती-पती का समान रूप से 'अनुभव मंटप' में भाग लेना और दोनों का वचन साहित्य सृजन विशेष बात है। इसे पढ़कर मुझे भी बार-बार आश्चर्य हुआ है कि सती-पती दोनों भी सांस्कृतिक और साहित्यिक दाम्पत्य जीवनयापन करते थे और वचन लिखते

थे। विश्व में सती भी पती के साथ इस प्रकार साहित्य क्षेत्र में अपनी प्रतिभा का परिचय देती है और दोनों भी एक-दूसरों के साहित्य सृजन के सहयोगी और सहायक बनते हैं, रोचक विचार है।

मैं यहाँ ऐसी चार जोड़ियों की साहित्य साधना, आदर्श दाम्पत्य, साहित्य और जीवन दोनों की सांस्कृतिक स्वस्थता के प्रति प्रतिबद्धता को लेकर चार ग्रंथों को आपके हाथों में रखते हुए अत्यानन्द का अनुभव कर रहा हूँ। ये ग्रंथ—'मोळिगे मारय्या : मोळिगे महादेवी', 'आय्दक्की मारय्या : आय्दक्की लक्कम्मा', 'उरिलिंग पेद्दी काळव्वे' एवं 'हड़पद अप्पण्णा–लिंगम्मा' को लेकर लिखे गए हैं। वचन साहित्यान्दोलन के परिचय की प्रवेशिका के रूप में 'प्रस्तावना' उस काल की विभिन्न परिस्थितियों की पृष्ठभूमि, वैश्विक सन्दर्भ में स्त्री शोषण का चित्रण और बारहवीं सदी के वचन साहित्य में स्त्री का लेखा-जोखा को लेकर 'सुन री सजनी' अध्ययन प्रस्तुत है।

इन ग्रंथों में दाम्पत्य और पारिवारिक जीवन के आदर्श को स्वस्थ समाज के निर्माण में योगदान को समझने का प्रयास भी है। आगे चलकर शरण सती-पती का अल्प जीवन परिचय, उनका वचन साहित्य के साथ अध्ययन की खुशी के लिए इनके एकाध वचन भी अन्त में दिए गए हैं।

इन चार ग्रंथों की परम्परा में अब आपके हाथों में 'हड़पद अप्पण्णा-लिंगम्मा' मौजूद है। इसे पाठकों के वाचन, विवेचन, विश्लेषण के लिए देते हुए मुझे बड़ी खुशी होती है।

पुस्तक संस्कृति के महाप्रेमी और स्तरीय हिन्दी प्रकाशक आदरणीय श्री अशोक महेश्वरी जी की मेरे प्रति सद्भावना ने यह सम्भव कर दिया है। ऐसे कार्य अवश्य ही कश्मीर से कन्याकुमारी तक के हृदयों को जोड़ने में सहायक सिद्ध होते हैं। इसलिए महेश्वरी जी मेरे और कर्नाटक के लेखकगण से धन्यवाद के हकदार हैं।

ग्रंथ निर्माण कार्य में कार्यरत सभी श्रमिक कार्यकर्ताओं को भी धन्यवाद देता हूँ। 'बसव-समिति' बेंगलोर और उसके अध्यक्ष श्री अरविन्द जत्ती जी के सहयोग के प्रति धन्यवाद अर्पण करता हूँ। यहाँ जिन वचनों के अनुवाद का उपयोग किया गया है उसके अनुवादक डॉ. टी.जी. प्रभाशंकर प्रेमी और स्नेही डॉ. टी.वी. कट्टीमनी जी को तहेदिल से धन्यवाद देता हूँ।

सधन्यवाद।

—प्रो. काशीनाथ अंबलगे

अनुक्रम

वचन साहित्य : एक प्रस्तावना

प्रवेशिका

भारतीय भाषा साहित्य में कन्नड़ साहित्य एक विशेष स्थान रखता है और इसकी श्रीवृद्धि में कन्नड़ साहित्य की विशेष देन है।

कन्नड़ साहित्य इतिहास की धारा में बारहवीं सदी का वचन साहित्य-युग सच्चे अर्थों में 'स्वर्ण युग' कहलाता है। 'वचन साहित्य', 'शरण साहित्य' नामों से भी प्रसिद्ध बारहवीं सदी के काल विशेष में कन्नड़ के कवि-कवयित्रियों ने, जो शिवशरण और शिवशरणिया कहलाते थे, कविताओं की रचना सामाजिक, आर्थिक, सांस्कृतिक और धार्मिक आन्दोलन के लिए की थी। काव्य सृजन इनके लिए साधन मात्र था, न कि साध्य।

लगभग सैकड़ों शरण कवि-कवयित्रियों ने समकालीन सन्दर्भ में व्यष्टि और समष्टि हित को समान रूप से महत्त्व देते हुए, वचन साहित्य की रचना की थी। आज लगभग सैकड़ों शिवशरण और पैंतीस से भी अधिक शिवशरणियों का वचन साहित्य उपलब्ध हुआ है।

'वचन' गद्य-पद्य का सम्मिश्रित सरल-सरस काव्य प्रकार माना जा सकता है। इसीलिए इनके साहित्य को 'वचन साहित्य' के नाम से पहचाना गया है।

इनके जीवन और लेखन, कथनी और करनी में सुन्दर समन्वय देखा जा सकता है। इसीलिए इनके काव्य में जीवन को देखने की स्वस्थ दृष्टि है। इन्होंने जो भी अनुभव किया उसे वाणी में अभिव्यक्त किया, जो भी अभिव्यक्त किया वही जीवन दर्शन बन गया। उनका जीवन दर्शन ही काव्य दर्शन था और वही उनकी जीवन शैली भी थी।

इस काल के लगभग सभी शरण रचनाकार निम्न जाति वर्ग के थे। सभी वृत्तियों के लोगों ने इस काव्य कर्म में भाग लिया था, जैसे—मोची, ढोर, धोबी, हज्जाम, लकड़ी बेचनेवाले, रस्सी बनानेवाले, किसान, नट, गायक, चावल कूटनेवाले आदि। यहाँ तक कि वेश्या सूळे (वेश्या) संकव्वे जैसी महिला भी

हृदय परिवर्तन से शिवशरणी बनी थी और उसने भी वचन की रचना की थी। इतनी बड़ी संख्या में और विशाल आयामों से आए हुए लोगों ने एक स्थान में, एक समय में, एक ही सामाजिक हित के लिए, आत्मबुद्धि एवं समाजशुद्धि के लिए मिलकर साहित्य की रचना की है जो दुनिया के सांस्कृतिक और साहित्यिक लोक में दुर्लभ उदाहरण है।

भारत के पाँच हजार वर्षों या जितना भी बड़ा इतिहास हो—के सांस्कृतिक और साहित्यिक इतिहास में सबसे पहली बार उपेक्षित वर्ग को बोलने का मुक्त अधिकार मिला और उनकी वाणी सार्थक काव्यवाणी बन गई।

एक समय में एक शेक्सपियर या वड्र्सवर्थ का होना, एक कालिदास या रवीन्द्रनाथ टैगोर का होना मेरे लिए या किसी भी स्वस्थ साहित्य प्रेमी के लिए—आश्चर्य की बात नहीं होनी चाहिए। यहाँ तो हर कोई महाकवि था, और कवयित्री महाकवयित्री थी।

संस्कृत से हटकर लोक प्रचलित कन्नड़ भाषा में लिखना पहली बार इन लोगों ने आरम्भ किया और विकास की दृष्टि से कन्नड़ भाषा चरम सीमा को छू गई।

कविता के उद्देश्य की दृष्टि से ये कवि अत्यन्त ही स्पष्ट थे। उनकी दृष्टि में कविता लोगों तक पहुँचकर उनके जीवन को ऊपर उठाने के लिए थी।

जैसा कि माओत्से तुंग ने कहा है—जिसे समूह का शिष्य बनने नहीं आता वह कभी उस समूह का गुरु नहीं बन सकता है। इन शरण-शरणियों ने आम आदमी के जीवन से बहुत कुछ सीखा था। इसीलिए इनके काव्य में आम आदमी का हृदय बोलता है और मार्गदर्शन पाता है।

स्त्री-मुक्ति, जातिवाद का नाश, धर्म के क्षेत्र में लोकतंत्र की स्थापना, श्रम-संस्कृति की श्रेष्ठता एवं सब प्रकार की समानता, कथनी-करनी का सुन्दर समन्वय, मनुष्य-केन्द्रित जीवन-चिन्तन शरण कवियों के काव्य की प्रमुख आवाज थी। समानता ही इनके लिए योग था (समते एंबुदे योग नोड।)

इसलिए विश्वास भरी एवं ऊँची आवाज में यह कहा जा सकता है कि विश्व साहित्य की पंक्ति में कन्नड़ के वचन साहित्य को खुले दिल से रखा जा सकता है।

वचन साहित्य के प्रमुख कवि हैं—बसवण्णा, अल्लम प्रभु, सिद्धराम, चन्नबसवण्णा, अंबिगर चौडय्या, नुलिय चन्दय्य, हडपद अप्पण्णा, अय्दक्को मारय्या, किन्नरी बोम्मग्य, मडिवाल माचय्य, मोळिगे मारय्य, तुरगाही रामण्ण, उरिलिंग देव, उरिलिंग पेद्दी, डोहर कक्कय्य, एकांतद रामय्य, नगेय मारितंदे, बहुरूपी चौडय्य, मरूळ शंकरदेव, धट्टिवाळय्य, अजगण्ण, वचन भांडारी शान्तय्य, कोलशान्तय्य, सोड्डुळ बाचरस और अन्य फुटकल शिवशरण।

वचन साहित्य की प्रमुख शरणी कवयित्रियाँ हैं—नीलांबिके, नागलांबिके, मोळिगेय महादेवी, काळव्वे आय्दक्की लक्कम्मा हडपद लिंगम्म, अमुगि रायम्म, सत्यक्क, केतल देवी, वीरम्म, दुग्गळे, गुड्डव्वे, बतादेवी, सूळे (वेश्या) संकव्वे, गगम्म, रेकम्म, मसणम्म, मुक्तायक्क आदि और कई फुटकळ शिवशरणियाँ।

किसी एक भारतीय भाषा का साहित्य ही भारतीय साहित्य नहीं अपितु भारत की किसी भी भाषा का साहित्य 'भारतीय साहित्य' ही है। वचन साहित्य की जनवादी जीवन दृष्टि का अध्ययन भारतीय स्तर पर हो और चर्चा-परिचर्चा का कारण बने—यही प्रेरणा इस ग्रन्थ की रचना के पीछे काम कर रही है।

धर्म, अध्यात्म, शिक्षा और अक्षर लोक से स्त्री वर्ग सदैव वंचित रहा है। किसी समाज और देश की अर्द्ध मानवशक्ति है वह, पर सदैव उपेक्षित। बारहवीं सदी के कन्नड़ साहित्य इतिहास में स्त्री ने अपने व्यक्तित्व की मानवशक्ति को पूर्ण रूप से पहचाना है। वचन साहित्य के माध्यम से उसने अपने स्व को अभिव्यक्त किया है। व्यक्ति और समाज के अन्तरंग-बहिरंग व्यक्तित्व को अक्षरों में उसने सुन्दर ढंग से काव्यात्मक अभिव्यक्ति दी है। सैकड़ों की संख्या में महिलाओं ने वचन साहित्य की रचना की होगी। आज लगभग नौ सौ वर्षों के बाद भी पैंतीस से अधिक महिलाओं का वचन साहित्य उपलब्ध होना कोई कम सांस्कृतिक आश्चर्य की बात नहीं है।

बारहवीं सदी की शिवशरणियों में वीर विरागिनी अक्कमहादेवी का नाम शीर्ष स्थान पर है। अक्कमहादेवी का व्यक्तित्व, बुद्धि-शक्ति, नैतिक-शक्ति, सौन्दर्योपासना की शक्ति, धर्मानुसंधान की शक्ति, अध्यात्म और प्रेमात्म की शक्ति का सुन्दर समन्वय था। सभी शिवशरणियों में अक्कमहादेवी के वचनों की संख्या अधिक है। अनुभव मंटप में वह केन्द्र बिन्दु के रूप में सबकी चहेती शिवशरणी थीं। काव्याभिव्यक्ति की महान प्रतिभा, भक्ति और विनय का उत्तुंग शिखर, असीम आत्मबल और साहस उनके व्यक्तित्व की अन्य सहज विशेषताएँ थीं।

बहुत्व वचन साहित्य की विशेषता

बहुत्व वचन साहित्य की विशेषता है। बहुजन वर्ग के श्रमिक यहाँ साहित्य की सृजनशीलता में लगे रहे हैं। एक वचनकार लिखते हैं कि 'करोड़ों वचन लिखकर थक गया हूँ।' इतनी बड़ी संख्या में, हर क्षेत्र के श्रमिकों ने, जनभाषा कन्नड़ में, अध्यात्म और समाजमुखी चिन्तन को समान रूप से अभिव्यक्ति देने की रोचकता, यह सब कैसे सम्भव हुआ होगा?

बड़ी सूक्ष्मता से और शान्तभाव से किसी भी प्रकार के पूर्वग्रह से मुक्त होकर यदि आप समग्र वचन साहित्य का अध्ययन करेंगे तो कई रोचक विचारों से आप अवश्य ही प्रभावित होंगे। यहाँ सब वचनकारों ने चर्चा-परिचर्चाओं में भाग लिया था, भीतरी चर्चा और विमर्श एवं एक दूसरों के वचनों की चर्चा और विमर्श यहाँ हुआ है। अल्लम प्रभु को सभी गुरु समझते थे और सबने उनके ज्ञान शिखर का लाभ उठाया है। अल्लम प्रभु बसवेश्वर को गुरु कहते हैं और अपने गुरु मात्र नहीं बल्कि बसवेश्वर को तो सबके गुरु समझते हैं अल्लम। अक्कमहादेवी के वचनों की श्रेष्ठता की प्रशंसा सिद्धरामेश्वर करते हैं तो सिद्धरामेश्वर के वचनों को अक्कमहादेवी श्रेष्ठ समझती हैं। चन्नबसवण्णा तो आयु में सबसे छोटे थे पर ज्ञान की दृष्टि से सबने उनके ज्ञान को स्वीकार किया था। तात्त्विक दृष्टि से सूक्ष्म चिन्तन उनके वचनों की विशेषता रही है। वे सबको मार्गदर्शन करते थे।

प्राय: अनुभव और अनुभाव के इस प्रकार मुक्त लेन-देन से एक सामूहिक चिन्तन की गरिमा बढ़ाने का विश्व में यह एक विरल मिसाल था। विश्व में प्राय: समकालीन लेखक-चिन्तक समूह सदैव एक-दूसरों की उपेक्षा करके एक-दूसरों को पीछे छोड़ने के उदाहरण ही जीवित हैं। पर यहाँ वचन साहित्य के सन्दर्भ में प्रत्येक वचनकार दूसरे वचनकारों की प्रतिभा के विकास में पूरक रहे हैं। प्राय: इसीलिए स्वस्थ समाज के लिए स्वस्थ साहित्य के उत्पन्न की जनवादी सांस्कृतिक घटना यहाँ सम्भव होना देखने को मिलती है। इतनी बड़ी संख्या में वचनकारों की अधिक संख्या में वचनों की रचना का कारण भी यही रहा है कि इन्होंने काव्य को एक सामूहिक और सामाजिक चेतना के रूप में स्वीकार किया था।

एक यह भी विचार वचन साहित्य को लेकर मुझे बार-बार लगा है और लिख भी रहा हूँ कि यहाँ पांडित्य, प्रतिभा और काव्य की सृजनशीलता का बहुत बड़ा विकेन्द्रीकरण हुआ था। जानवर चरानेवाला दनगाही रामण्णा (जानवर चरानेवाला रामण्णा) एवं सूळे संकव्वे (वेश्या संकव्वे) तक ने वचन काव्य की रचना की थी। इनको किसी भी समाज का अन्तिम नागरिक कह सकते हैं। सृजनशील अभिव्यक्ति में इनकी भागीदारी ने वचन साहित्य के स्तर को ऊँचा स्थान दिया है। यहाँ संस्कृत ही श्रेष्ठ नहीं है बल्कि जनभाषा कन्नड़ भी श्रेष्ठ है। पंडित वर्ग को ही लिखने का अधिकार नहीं है बल्कि कोई श्रमिक भी श्रेष्ठ साहित्य लिख सकता है। कोई विश्वविद्यालय अथवा स्थापित विद्याकेन्द्र या राजाश्रित विद्वान मंच ही श्रेष्ठ नहीं है बल्कि प्रतिदिन अनुभव मंटप में सब बैठकर जो चिन्तन-मंथन करते हैं वही श्रेष्ठतम तत्त्व दर्शन है, साहित्य दर्शन है और जीवन दर्शन है।

वचन साहित्य सन्दर्भ की एक रोचक विशेषता की ओर भी पाठकों का ध्यानाकर्षित करने की मेरी इच्छा हो रही है। यहाँ शासक श्रमिक बनने के लिए बड़े उत्सुक हैं। कश्मीर के राजा और उसकी पत्नी अनुभव मंटप के सदस्य बनकर अध्यात्म और सत् चित् आनन्द की प्राप्ति के लिए कल्याण आकर मोळकेरी नामक गाँव में रहकर, लकड़ी जंगल से लाते थे और बेचकर कायक से जीवनयापन करते हुए शरण संकुल के चिन्तन में भागीदारी करते थे। बसवेश्वर बिज्जळ राजा के यहाँ भंडारी थे और शाम तक कर्तव्य कर राजपोशाक शाम को निकालकर रखते थे एवं सरल शरण वेशभूषा में अनुभव मंटप की ओर चल पड़ते थे।

उरिलिंग पेद्दी एक बहुत बड़े मठ के मठाधीश थे, कई मठ इनके अधीन में थे। पर इन सबको त्यागकर उरिलिंग पेद्दी कल्याण की ओर पत्नी के साथ चल पड़ते हैं और एक सरल कायक करते हुए अनुभव मंटप में प्रभाग लेते हैं। यह इस जनवादी जनहित दृष्टि देने की स्वस्थ नजरिया वचन साहित्य की रही है। इसीलिए इसका विस्तार बड़ा है, भाषाभिव्यक्ति की शक्ति गहरी है, सदैव जीवन के स्तर को ऊपर उठाने के लिए वचन साहित्य जागरूक एवं प्रतिबद्ध है।

वचन साहित्य विधा पर अभी भी दो-चार विचार विस्तार कर सकते हैं। बारहवीं सदी के वचन साहित्य सन्दर्भ का 'वचन' एक विशेष प्रकार की 'काव्य विधा' है। वचन 'पद्य प्रकार' तो है पर इसे सरलता, सरसता और संक्षिप्तता के साथ सरस गद्य लय में रचित 'गपद्य' रूप कहा जा सकता है। वचन के रचनाकार 'वचनकार' और 'वचनकार्ती' कहलाते हैं। यह भक्त और भगवान के बीच संवाद है पर सदैव यहाँ सामाजिक चेतना जागृत है। हर वचनकार सामान्यत: अपना नाम नहीं, बल्कि अपने आराध्य देव का नाम वचनांकित के रूप में रखता है। उदाहरण के लिए बसवेश्वर का वचनांकित है 'कूडलसंगमदेव', अल्लम प्रभु का 'गुहेश्वर', अक्कमहादेवी का 'चन्नमल्लिकार्जुन' इत्यादि।

'वचन साहित्य' की यह भी विशेषता है कि किसी एक युग में एक ही काल सन्दर्भ में इतनी बड़ी संख्या में वचनकारों ने वचन साहित्य की रचना की है। वह रचना चर्चा-परिचर्चा केन्द्रित है। 'अनुभव मंटप' में जो 'अनुभाव मंटप' भी था, सब शरणकुल जमा होते थे और अध्यात्ममुखी और समाजमुखी चर्चा करते थे और उसका सृजनशील उत्पन्न होता था 'वचन साहित्य'। इन वचनकारों में राजा और रंक, मंत्री और दंडनायक, जुलाहे, धोबी, नाइंद, व्यापारी, बढ़ई, किसान, मजदूर, चावल बीननेवाला, झाड़ू लगानेवाला, स्त्री-दलित सब समाहित थे।

बहुत्वमुखी कवि लेखक बहुत्वमुखी चिन्तन वचन में अभिव्यक्ति देते थे। कहा गया है कि लगभग 300 से अधिक वचनकार एवं 35 से अधिक वचनकार्तियाँ रही होंगी। इनका तात्त्विक विचार प्रधानत: भक्ति-कायक-दासोह-समानता केन्द्रित था। इसका विस्तार 'वचन' में एकेश्वरवाद जगत सत्य है, जगत शिवमय और कल्याण मार्ग का कार्यागार है, जातिवाद और अस्पृश्याचरण का खंडन, समानता की ऊँची आवाज में प्रतिपादन, दैहिक परिश्रमप्रधान सत्य शुद्ध उद्देश्यों का कायक, गृहस्थ जीवन साधना मार्ग में बाधक नहीं, स्त्री को समान और गौरवपूर्ण स्थान और उसके अस्तित्व का पूर्णरूपेण स्वीकार, कथनी-करनी में समानता, कर्मकांड और यज्ञ यागादि का निराकरण, अन्धविश्वास का खंडन, संग्रह प्रवृत्ति की दुराशा का दूरीकरण इन विषय विचारों के चौतरफा घूमते-फिरते रहता है वचन साहित्य। 'वचन' रचना द्वारा कन्नड़ भाषा की अभिव्यक्ति शक्ति का विकास चरम बुलंदी का स्पर्श करता है। इनके वचन साहित्य में 'व्यष्टि-समष्टि' का सुन्दर समन्वय सदैव उपस्थित है। समाजोद्धार के लिए वचन साहित्य है, वचन साहित्य सोद्देश्य है, जनहित में है।

विश्व के साहित्य पाठक : कन्नड़ वचन साहित्य की ओर...

कन्नड़ के वचन साहित्य की साहित्यिक और सामाजिक शक्ति सर्वोपरि है। विश्व के साहित्य पाठकों को विशेष रूप से अपनी ओर आकर्षित करने के कई स्वभाव गुण इसमें निहित है। इस साहित्य के बहुत्व गुण अन्य भाषा साहित्य में देखने को नहीं मिलेगा।

लगभग तीन सौ से अधिक श्रमिक वर्ग के कवि कवयित्रियों ने यहाँ वचन नामक काव्य की रचना की है, साहित्यिक चिन्तन किया है, साहित्य और सामाजिक आयामों के समन्वय का स्वस्थ विवेचन इन्होंने प्रस्तुत किया है। कई रीतियों की असमानताओं के समाज को 'समता ही एक योग है' जैसे सार्वकालिक महत्त्व की घोषणा और लेखन इनका रहा है।

महिलाएँ इस दुनिया में सदैव ही उपेक्षित रही हैं, उनको सामाजिक भागीदारी से दूर रखकर साहित्य एवं सांस्कृतिक लोक में हासिये पर रही हैं वह। पर इस वचन साहित्य के सन्दर्भ में महिला अपने व्यक्तित्व विकास की बुलंदी पर पहुँच चुकी थी ऐसा लगता है। आज लगभग नौ सौ वर्षों के बाद पैंतीस से अधिक वचनकार्तियों का वचन साहित्य उपलब्ध होना परमाश्चर्य तो है ही, और यह सुनकर दु:ख भी होता है कि वैश्विक साहित्य सिनारियो में इसका उल्लेख उपलब्ध नहीं है। अनुभव और अनुभाव, साहित्य में सृजनशीलता और चिन्तन मंथन, पुरुष वर्ग

के वचनकारों के साथ स्त्री का समान रूप से लिखना उठना बैठना, पुरुष वर्ग को कई सन्दर्भों में नीतिपाठ करके मार्गदर्शन करना विशेष विचार है। इन वचनकारों ने अध्यात्म, समाजमुखी चिन्तन के लिए, काव्य और भाषा की सूक्ष्मताओं की चर्चा-परिचर्चाओं के लिए एक 'अनुभव मंटप' (Intellectual Parliament) की स्थापना की थी। उसकालीन सब शरण संकुल में महाप्रतिभावान घुमक्कड़ फक्कड़ जंगम (चलनशील) जीवी अल्लम प्रभु को अनुभव मंटप की अध्यक्षता का स्थान दिया गया था। अनुभव मंटप के सदस्यों के लिए यह अनिवार्य था कि हर किसी को कोई न कोई कायक करना चाहिए। आजीविका के लिए दिन भर सत्य शुद्ध कायक (परिश्रम) करो और शाम को अनुभव मंटप के चिन्तन में सक्रिय भागीदारी करो। हर एक सदस्य को अपने व्यक्तित्व में 'समानता के तत्त्व' को समझना अनिवार्य है। तो विश्व के साहित्य पाठक इसे पढ़ना क्या पसन्द नहीं करेंगे? मैं समझता हूँ कि विश्व के हर पाठक को जो साहित्य में रुचि रखता है यहाँ रोचक अनुभव होगा। उनके इस साहित्य के आमने-सामने होने से व्यक्तित्व में अल्प मात्र तो हलचल होगी।

ऐसा एक वास्तविक वैश्विक अनुभव सुनाने के लिए भी ऐसी प्रस्तावना की बातें कर रहा हूँ। मेरा एक लेखक मित्र है प्रो. टी.वी. कट्टीमनी जो आज एक अन्तर्राष्ट्रीय आदिवासी केन्द्रीय विश्वविद्यालय के कुलपति भी हैं। अपनी एक सांस्कृतिक आदान-प्रदान की योजना में वे बेल्जियम गए थे और एक विश्वविद्यालय में कन्नड़ साहित्य पर बोलने के लिए उनसे विनती की गई थी। उनके भाषण के अन्त में सामने बैठी एक युवा महिला पत्रकार प्रश्न करती है कि What do you mean by 'इस्टलिंग'? 'कायक' 'दासोह' का क्या अर्थ है? विस्तार से समझाने की विनती करती है। किसी प्रकार इन्होंने समझाया और कार्यक्रम के बाद चायपान के सन्दर्भ में उस महिला से पूछते हैं कि 'आप इस इस्टलिंग, कायक, दासोह के सम्पर्क में कैसे आईं?' वह कहती है कि मैंने बनारस में ये किताबें देखी थीं— 'बारहवीं सदी की कन्नड़ कवयित्री अक्कमहादेवी और स्त्री विमर्श', 'बारहवीं सदी की कन्नड़ कवयित्रियाँ और स्त्री विमर्श'। देहली में 'राधाकृष्ण प्रकाशन' से मैंने ये किताब परचेज किया है।

आज भारत के बाहर सैकड़ों देशों में हिन्दी विभाग है और लोग इसमें रुचि लेकर हिन्दी पढ़ रहे हैं। भारत को जानने के लिए भी वहाँ उत्सुकता है। यह आज की वैश्विक, सांस्कृतिक एवं भाषाई स्थिति-गति है।

उस महिला के संवाद को लेकर डॉ. कट्टीमनी जी लिखते हैं कि 'हमारे बसवण्णा और अक्कमहादेवी ने यूरोपीय पाठकों के चित्त में हलचल कर दिया है। अंबलगे एक 'अनिवार्य आदत' की तरह हिन्दी में वचन साहित्य पर लिख

रहे हैं। मुझे बेहद खुशी होती है कि वचन साहित्य को वैश्विक मंच पर पहुँचाने का सार्थक काम हो रहा है। वचन साहित्य में वैश्विक मंच से पढ़े जाने की शक्ति भी है।'

मुझे वचन साहित्य पर हिन्दी में काम करते समय यह विचार एक ऑक्सीजन की तरह प्रेरित करता है। तेजस्वी ने कर्नाटक साहित्य अकादमी से प्रकाशित किताब में 'अंबलगे के हिन्दी लेखन' जैसा एक लेख भी लिखा है।

इन बातों का जिक्र मैं यहाँ इसलिए भी कर रहा हूँ कि हमें यह भलीभाँति पता चले कि विश्व साहित्य के मंच पर वचन साहित्य उपलब्ध हो।

विभिन्न परिस्थितियाँ

राजनीतिक

लगभग ग्यारहवीं सदी से उत्तर भारत की राजनीतिक परिस्थितियों में तीव्र परिवर्तन दिखाई देते हैं। इसी प्रकार दक्षिण भारत में भी विशेष राजनीतिक उथल-पुथल दिखाई देती है।

कन्नड़ के बरावी और शिवशरणों के वचन साहित्यकालीन राजनीतिक परिस्थितियों का महत्त्व इनके साहित्यिक और धार्मिक-सामाजिक क्रान्ति के कारण से ही बढ़ जाता है।

सन् 1105 से 1350 तक के दो सौ वर्ष के कर्नाटक के इतिहास में प्रारम्भिक सौ वर्षों के प्रथम काल की महत्त्वपूर्ण घटना है—कल्याण के चालुक्य वंशीय राजाओं का पतन और कलचूरी राजा बिज्जळ की उन पर विजय।

इनका शासन काल अत्यन्त ही छोटा था। कलचूरी राजा बिज्जळ के शासनकाल में कोई शान्ति-समृद्धि या स्थिरता नहीं थी। इनके शासन का महत्त्व बसव और अन्य शरणों के साहित्यिक, धार्मिक और सामाजिक क्रान्ति का कारण था। मात्र शरणों के धार्मिक और साहित्यिक कार्यों से इतिहास में बिज्जळ का अध्ययन हुआ करता था।

बसवेश्वर, बिज्जळ के मंत्री थे और साथ ही वचन साहित्य की रचना धार्मिक एवं सामाजिक परिवर्तन के लिए करते थे।

धार्मिक

कर्नाटक में बसवेश्वर और अन्य शिवशरणों की पूर्वकालीन धार्मिक परिस्थिति अत्यन्त ही हीनावस्था में थी। धर्म में कई प्रकार की ऊँच-नीच की भावना थी। धर्म मानवीय भावनाओं को त्यागकर संकीर्ण बन गया था। कई प्रकार के धर्म-उपधर्म की गलियों में मनुष्य भटका हुआ था। धर्म के नाम पर सामान्य लोगों का शोषण

हुआ करता था और कई प्रकार के अत्याचार, अन्याय और बलि आदि धर्म की आड़ में चलते थे। जाति-उपजातियों में संघर्ष सामान्य बात हो गई थी। समाज ब्राह्मण, क्षत्रिय, वैश्य और शूद्र जैसे वर्गों में विभाजित था। उच्च जाति के ब्राह्मण अपने आपको धर्म का ठेकेदार समझते थे और दूसरों का शोषण करते थे। तद् युगीन सब प्रकार की सुविधाएँ ब्राह्मणों के यहाँ केन्द्रित थीं। इसीलिए अनिष्ट जाति पद्धति के मूल वर्ण को बसवण्णा ने चुनौती दी और कहा कि उद्योगों के अनुसार आदमी को पहचाना जाना चाहिए :

> 'वर्णानां किं प्रयोजनं?' इसीलिए / लोहा गरमाया लोहार कहलाया / कपड़ा धोया धोबी कहलाया / सूत ताना जुलाहा कहलाया / वेदपाठ किया विप्र कहलाया, जग में कान से कोई पैदा हुआ है?

शूद्रों का जीवन तो पशु-पक्षियों से भी गिरा हुआ था। अस्पृश्य गाँव से हटकर दूर झोंपड़ियों में रहते थे। इनको घंटी बजाते हुए गाँव में प्रवेश करना पड़ता था ताकि उच्च वर्ग के लोग इनकी छाया से भी बच सकें। उच्च जाति के लोगों की वाणी ही दूसरों के लिए धर्म था, और कोई प्रश्न भी नहीं कर सकता था। लोगों के धर्माचरणों में धर्म की बातें कम और श्रद्धा अधिक थी। धर्म के नाम पर वामाचार अत्यन्त ही असह्य था। अन्धश्रद्धाओं में जकड़े लोगों की मानसिकता की ओर डॉ. पि. बि. देसाई ने इशारा किया है कि :

'Religion, religious dogmas, religious observances and superstitions held men and their minds under their firm grip. Vedic Sacrifices were performed and animals were Immolated'.

लोग यह मानते थे कि गाँवों की चारों दिशाओं में अनिष्ट शक्तियाँ वास करती हैं और इनकी असन्तुष्टि के कारण बीमारियाँ फैलती हैं। इसलिए इन्हें प्रसन्न करने के लिए लोग, दर्गम्मा, कबम्मा, चौड़म्मा आदि ग्राम देवताओं की उपासना करते थे। इनको प्रसन्न करने के लिए पशुबलि चढ़ाना, अग्नि पर चलना और इनके लिए जात्रा महोत्सव करना आदि अन्ध श्रद्धाओं से मनुष्य घिरा हुआ था। इन शक्ति-देवियों के उत्सवों में पशुबलि, स्त्रियों की नग्नसेवा और कहीं-कहीं तो नर बलि भी दी जाती थी।

मूर्तिपूजा की प्रधानता थी इसलिए असंख्य मन्दिर और मठों के निर्माण हुए धार्मिक जीवन में पुजारियों की प्रधानता थी। मन्दिरों में धर्म की साधना नहीं बल्कि ऐश की आराधना होती थी। ये शोषण और धनार्जन के केन्द्र बन गए थे। अपना-अपना स्वार्थ साधने के लिए उच्च जाति के लोगों ने मन्दिरों का पूरा-पूरा दुरुपयोग किया। देवदासी पद्धति प्रचलित थी। देवदासियों ने देवताओं को नृत्य

चढ़ावे के स्थान पर पुजारी और उच्च जाति के लोगों को अपना शरीर दिया। इसीलिए बसवेश्वर ने मन्दिर निर्माण का विरोध किया होगा :

धनवान शिव मन्दिर बनवाते हैं,
मैं गरीब, मैं क्या कर सकता हूँ।
मेरे पैर ही मीनार, शरीर ही मन्दिर,
शिर ही सोने का मुकुट है,
कूडल संयमदेव! जड़ नाशमय है चेतन अविनाश है।

लेकिन कुछेक मठ-मन्दिरों ने सांस्कृतिक केन्द्र बनकर शिक्षा-प्रसार का काम किया लेकिन अधिकांश मठ-मन्दिर और तीर्थ अन्धभक्ति, अज्ञान और शोषण के केन्द्र थे। वेदशास्त्र का अध्ययन भी स्वार्थ साधने के लिए हुआ करता था। उनके यथार्थ ज्ञान से सामान्य लोगों को दूर रखा गया था। पशुबलि और जड़ कर्मकांड के वेदशास्त्रों का खंडन इन शिवशरणों ने इसीलिए किया है।

सैकड़ों देवों की आराधना में फँसे हुए मनुष्य की बुद्धि पर अज्ञान की चादर फैली हुई थी। लोगों को अन्धविश्वास और अज्ञान के दलदल से मुक्त करने का शिवशरणों का प्रयास एक महान कार्य था।

उच्च जाति और वर्ग के लोगों ने समाज का शोषण करने के लिए धर्म को माध्यम बनाया था। वेदाध्ययन का अधिकार स्त्री और शूद्रों को नहीं था। नारी की स्थिति अत्यन्त ही दयनीय थी। वह किसी प्रकार के संस्कार के योग्य नहीं मानी जाती थी। वह भोग की वस्तुमात्र थी। होम-हवनादि अर्थहीन आचरणों की भरमार थी।

भाग्यवादी लोगों की मानसिकता यह सोचकर शान्त थी कि जो मिलता है उसे स्वीकार करना चाहिए, यह सब पूर्व जन्म का फल है। लोग शगुन-भविष्य आदि पर अधिक आश्रित थे।

जब एक समूचे समुदाय के जीवन में इस प्रकार का अज्ञान फैला हुआ हो तो उस पर विचार करना, क्रान्ति की ओर ले जाना अत्यन्त आवश्यक होता है। शिवशरणों ने समाज को इसी ज्ञान प्रकाश की ओर ले चलने का काम किया था।

सामाजिक

शिवशरणों का पूर्वकालीन समाज अत्यन्त ही हीनावस्था में था। अशान्ति, अतृप्ति, संघर्ष और सामाजिक मूल्यों का नाश, धर्म का अध:पतन तत्कालीन समाज

का पतित रूप था। कई प्रकार की असमानताओं से समाज विषैला बन चुका था। उच्च-नीच जातियाँ, उद्योग में श्रेष्ठ-कनिष्ठ, आर्थिक दृष्टि से अमीर-गरीब, स्त्री-पुरुष भेद, और इसी प्रकार की अन्य असमानताओं से समाज रोगग्रस्त बन गया था। कथनी-करनी, अन्तरंग-बहिरंग में विभेद, स्वउद्योग में निष्ठा का अभाव और बाह्याडम्बर में जीवन व्यतीत करता हुआ, अनीतियों और धर्मान्धिता के पंजे में सामान्य मनुष्य जकड़ा हुआ था। इस प्रकार समाज असन्तुष्ट था।

खेती उस युग का प्रमुख उद्योग था। लुहार, कुम्हार, जुलाहा, मोची और धोबी आदि अपने-अपने उद्योग करते थे। ये उद्योग वंश परम्परा से चल रहे थे। वैश्य व्यापार करते थे। दूसरे लोग आवश्यक वस्तु इनसे खरीदते थे।

जाति-पद्धति प्रचलित थी। ब्राह्मण, क्षत्रिय, वैश्य, शूद्र जैसे वर्ण में समाज बँट गया था। यों तो वर्ण पद्धति के कठोर नियम ढीले पड़ गए थे। और कई प्रकार की जाति-उपजातियों का निर्माण हो चुका था। ब्राह्मण इनमें उच्च क्षेत्रीय शासन के अधिकारों का अनुभव करते थे और समाज में वैश्यों और शूद्रों की उपेक्षा थी। क्षत्रियों को ब्राह्मणों से शिक्षा मिलती थी। शिक्षा, धर्म, उपनिषद और वेदाध्ययन ब्राह्मणों की सम्पत्ति बन गई थी।

चातुर्य वर्ण के अलावा एक वर्ग अस्पृश्यों का था जिनका जीवन कुत्तों से भी गिरा हुआ बन गया था। अछूतों की छाया से भी उच्च वर्ग के लोग बचते थे। उनके साथ खान-पान के सम्बन्धों की कल्पना भी नहीं की जा सकती थी। समाज के सभी वर्गों की सेवा करने पर भी गाँव से दूर झोंपड़ियों में सांसारिक सुख-सुविधाओं से वंचित होकर उन्हें रहना पड़ता था। अस्पृश्यों की स्थिति अत्यन्त ही दयनीय थी। इस अन्त्यज का तो नाम तक नहीं होता था। इस प्रकार शूद्र और अस्पृश्यों का जीवन अत्यन्त ही दयनीय और हीन था। शारीरिक दृष्टि से वे मनुष्य लगते थे पर मनुष्य की सुविधाएँ उन्हें प्राप्त नहीं थीं। इसीलिए बसवेश्वर ने स्पष्ट रूप से जाति-पद्धति का विरोध किया और कुल को निष्प्रयोजक बताया है।

ब्राह्मणों के बाद समाज में दूसरा स्थान क्षत्रियों का था। यज्ञ आदि करने, शिक्षा प्राप्त करने का अधिकार इन्हें था। मृत्युदंड से ये मुक्त थे। तीसरा स्थान वैश्यों का था। ये व्यापार करते थे। समाज में चौथा स्थान शूद्रों का था जिनका सारा जीवन उच्च जाति के लोगों की सेवा में बीत जाता था। समाज में इन्हें न कोई अधिकार था न कोई सुविधा। अन्तिम और अत्यन्त ही उपेक्षित वर्ग अस्पृश्यों का था।

इन जाति और वर्गों के अतिरिक्त कई प्रकार की जाति-उपजातियाँ बन चुकी थी। सोड्डल-बाचरस का एक वचन, यह स्पष्ट करता है कि किस प्रकार

उस युग में पुरुष के भिन्न-भिन्न अंगों से भिन्न-भिन्न जातियों की कल्पना की गई थी :

मस्तक ब्राह्मण, नयन क्षत्रिय,
नाक बनिया, अधर खेतिहर
चोटि ब्राह्मण, नेत्र क्षत्रिय
नाक बनिया, अधर किसान,
कान ग्वाल, गर्दन कुम्हार
बाँहें पंचाल, हथेली गौड़ी
नख हज्जाम, पेट डोंब
पीठ धोबी, त्वचा जुलाहा।

अन्तरजातीय विवाह का उस समाज में विरोध था। धर्मशास्त्र में विवाह की अनुलोम पद्धति की अनुमति थी। नरेशों की बहुपत्नियाँ होती थीं। प्रत्येक जाति में कई उपजातियाँ होती थीं और उन उपजातियों में ही विवाह होते थे। छोटी आयु में विवाह होते थे।

शिवशरण पूर्व युगीन समाज में नारी की अत्यन्त दयनीय स्थिति थी। वह भोग की वस्तु, पाप की पिटारी और साधना के मार्ग में बाधा डालनेवाली पापिन मानी जाती थी। उस युगीन सामाजिक व्यवस्था की विडम्बना है कि शूद्र और स्त्री किसी प्रकार के संस्कार के अयोग्य माने जाते थे, और माना जाता था कि वह किसी प्रकार के स्वातंत्र्य के योग्य नहीं। स्त्री को बाल्यावस्था में पिता पर, यौवनावस्था में पति पर, और वृद्धावस्था में पुत्र पर निर्भर रहना पड़ता था। नारी सम्बन्धी मनु का यह श्लोक प्रसिद्ध है :

पिता रक्षति कौमारे, भर्ता रक्षति यौवने
रक्षति स्थाविरे पुत्रा, न स्त्री स्वातंत्र्यमर्हति।

वैदिक और जैन धर्म स्त्री को मुक्ति प्राप्ति के योग्य नहीं मानते थे। जीवन की कोई सुविधा नारी को प्राप्त नहीं थी जो पुरुष को थी। शिक्षा से वंचित नारी को पुरुष की छाया के समान जीवन व्यतीत करना पड़ता था। सती प्रथा प्रचलित थी। अपमानजनक, उपेक्षित विधवा जीवन से ऊबकर सती होना ही वह श्रेष्ठ समझती थी। क्षत्रियों में यह पद्धति अधिक थी। स्त्री की इच्छा-अनिच्छा की उपेक्षा कर उसे मृत पति के साथ जला दिया जाता था। इस प्रकार उस समाज में हजारों बन्धनों में बँधी स्त्री सजीव शव थी। नारी को इस दलदल से मुक्त करने के लिए शिवशरणों ने स्त्री-पुरुषों की समानता की घोषणा कर दी और समग्र व्यक्तित्व विकास की सुविधाएँ उसे दी गई।

कुछेक मठ-मन्दिरों ने सामाजिक जीवन को सुखी करने का प्रयास किया था। ये सांस्कृतिक और विद्या के केन्द्र होते थे। लेकिन अधिक संख्या में मठ-मन्दिर अज्ञान, अविद्या, अन्धश्रद्धा, स्वार्थ और शोषण के केन्द्र बन चुके थे।

भेदभावना की वृत्ति ने समाज को टुकड़े-टुकड़े कर दिया था। ब्राह्मण का पुत्र ब्राह्मण और कुम्हार का पुत्र कुम्हार ही हो सकता था। ब्राह्मण मात्र वेदशास्त्राध्ययन से हटकर अन्य उद्योग कर सकता था लेकिन शूद्र या अस्पृश्य ऐसा नहीं कर सकता था।

समाज की इस व्यवस्था ने ब्राह्मणेतरों को प्रगति की ओर जाने से रोका था। मेहनतवाले सारी सुविधाओं से वंचित थे, ब्राह्मण, राजा, मठाधीश, मंत्री, पुजारी आदि दूसरे के मेहनत का फल भोग रहे थे। अन्धश्रद्धा, आलस्य, अज्ञान, स्वार्थ, जड़ परम्पराओं ने समाज को कमजोर बना दिया था। धार्मिकाचरण का प्रतीक देवदासी ने वेश्यावृत्ति का रूप ले लिया था।

इस प्रकार कई प्रकार के विचित्र और भयंकर अन्धविश्वासों के जाल में समाज जकड़ा हुआ था। स्त्री की उपेक्षा सब जाति और वर्गों में थी।

कन्नड़ के शिवशरण कालीन समाज की रचना और परिस्थितियाँ उपरोक्त कह दी गई हैं। समाज के जागरूक और सजग प्रहरी बसवेश्वर और अन्य शिवशरणों ने धार्मिक क्रान्ति द्वारा सामाजिक और साहित्यिक क्रान्ति कर दी। सब प्रकार से समान समाज की स्थापना उनका उद्देश्य था। इसी उद्देश्य की प्राप्ति के लिए इन्होंने काव्यशास्त्र का प्रयोग किया था। इस प्रकार के काव्य का अध्ययन उसकी सामाजिक चेतना की दृष्टि से करना अपने आप में महत्त्वपूर्ण स्थान रखता था।

साहित्यिक

बारहवीं सदी के शिवशरणों के पूर्वकालीन संस्कृत प्रधान साहित्य का बहुत बड़ा भाग बहुत बड़ी संख्या में लोगों के लिए बहुत बड़ा शून्य (Zero) था। राजाश्रय में रहकर परम्परावादी पंडितों ने चम्पूकाव्य की रचना की। राजा-महाराजाओं, पंडितों और वैद्यों का दासी कन्नड़-साहित्य संस्कृत के शिकंजों में सिसकियाँ ले रहा था।

लोग यह मान रहे थे कि काव्य प्रतिभा ईश्वर की देन है, पूर्वजन्म के पुण्य मात्र से ही कोई काव्य रचना की शक्ति प्राप्त कर सकता है। राजाश्रित वह साहित्य उन नरेशों की शृंगारिक मानसिकता को तृप्त करने में ही धन्य समझता था और आश्रयदाता नरेशों को चाँद, सूरज, वीराधिवीर, अरिकेसरी आदि बढ़ा-चढ़ाकर वर्णन करने में वह तृप्त था। इनके राजा इनकी रचनाओं में महाभारत के वीरनायक थे। ये रचनाएँ सामान्य लोगों तक जाने, आलोचकों से आलोचित और चर्चित होने,

ज्ञानवृद्धि करने के लिए नहीं, बल्कि राजा की प्रशंसा प्राप्त करने और पूजागृहों में पूजित होने के लिए थीं। सामान्य लोग, शूद्र और अस्पृश्यों एवं स्त्री के लिए साहित्य अस्पृश्य और जड़ वस्तु थी।

ग्यारहवीं सदी का कन्नड़ साहित्य शास्त्र-साहित्य (रीति साहित्य) माना जाता है; दसवीं सदी के उत्तरार्ध में नागवर्मा प्रथम की 'धन्दोबुधि' ग्यारहवीं सदी के लिए चाउंडराय द्वितीय की 'लोकोपकार' चन्द्रराजा की 'मदनतिलक, श्रीधराचार्य की 'जातक तिलक' आदि शास्त्र-साहित्य की रचनाएँ हैं।

वचन साहित्य के पूर्व के साहित्य की विशेषताएँ इस प्रकार गिनी जा सकती हैं :

(1) परम्परावादी साहित्य
(2) पंडितों की पांडित्यपूर्ण काव्य की रचना
(3) रीतिबद्ध चम्पूकाव्य की रचना
(4) काव्य में विविधता नहीं, चर्वित-चर्वण विचार
(5) संस्कृत भाषा का पूरा प्रभाव
(6) केवल वस्तुनिष्ठ काव्य (कला के लिए कला)
(7) सीमित पाठक-वर्ग (केवल पंडितों) के लिए रचा गया साहित्य
(8) राजाश्रित साहित्यकार
(9) कल्पना और अवास्तविक वर्णनों की भरमार
(10) आश्रयदाता नरेशों का बढ़ा-चढ़ाकर वर्णन
(11) जनविरोधी साहित्य-मूल्य

तद् युगीन साहित्य राजा-महाराजा और दरबार के निकट और सामान्य लोगों से दूर था। उसी साहित्य को भव्य माना जाता था।

वचन साहित्य के पूर्व साहित्य की ऐसी ही स्थिति थी, वहीं बारहवीं सदी का साहित्य परिवर्तन की दिशा ढूँढ़ रहा था। समय परिवर्तन की प्रतीक्षा कर रहा था। बारहवीं सदी में बसवेश्वर और उनके अन्य समकालीन शरणों से पूर्व 'वचन' साहित्य समय की माँग थी। पंडितों से सामान्य लोगों की ओर, संस्कृत के प्रभाव से देशी भाषा की ओर साहित्य जा रहा था। वचन-साहित्य पुरानी कन्नड़ से मध्यकालीन कन्नड़ की ओर, चम्पूरीति से देशीय रीति की ओर, कठिनता से सरलता की ओर, भ्रमों से स्पष्टता की ओर अग्रसर होता हुआ दिखाई देता है। वचन साहित्य की लोकोन्मुखी विषयवस्तु, सरल कन्नड़, नई शैली गद्यात्मक पद्य के अपने गुणों के कारण लोगों को अपनी ओर तुरन्त आकर्षित करने लगा। सामाजिक चेतना वचन साहित्य की अपनी विशिष्ट शक्ति बन गई थी। बारहवीं सदी साहित्यिक दृष्टि से चम्पू साहित्य को कमजोर करने का काल था, राजनीतिक दृष्टि से शौर्य, साहस और वीरोत्साह का काल था, और सामाजिक दृष्टि से नए

विचार और नए मूल्य की स्थापना से सामान्य लोगों को अपने में समेटकर सारी सामाजिक व्यवस्था को बदल डालने का काल था। ऐसी पृष्ठभूमि में शरणों के वचन साहित्य का उदय एक सहज घटना लगती है।

यदि चम्पू (एक छंद) साहित्य लोगों की सहानुभूति से वंचित था तो वचन साहित्य सामान्य लोगों पर या सामान्य लोगों के लिए निर्मित था।

वचन साहित्य के प्रारम्भ का स्पष्ट चित्र तो हमें नहीं मिलता। लेकिन पंडितों ने 'देवर दासिमय्या' को प्रथम वचन रचनाकार माना है। बसवेश्वर का एक वचन इसे स्पष्ट करता है कि बसवेश्वर और उनके समकालीन शरणों से पूर्वकाल में वचन साहित्य का निर्माण हो रहा था।

बसवेश्वर के पूर्व में वचन साहित्य का सृजन अत्यन्त मन्द गति से हो रहा था। आगे आनेवाले शरणों के युग में वचन काव्य-रचना एक आन्दोलन का रूप धारण कर चुका था।

जब इन शिवशरण और शरणियों ने कल्याण (आज का बसवकल्याण बीदर जिला) को अपना कार्य क्षेत्र बनाकर अनुभव मंटप की स्थापना की तो इन्होंने वचन साहित्य की रचना प्रचुर मात्रा में की। इसकी आलोचना-प्रत्यालोचना के फलस्वरूप उसमें वैचारिकता की गम्भीरता आई।

इन्होंने सामाजिक चेतना से प्रेरित होकर लोगों की अन्ध भक्ति और अज्ञान को दूर करने के लिए, सब प्रकार से समान स्वस्थ समाज की स्थापना के लिए काव्य की रचना की।

सुन री सजनी...

किसी समाज या देश की अर्धशक्ति स्त्री होती है। स्त्री धरती माता कही गई है। वह अपना सब कुछ समर्पण कर इस संसार का लालन-पालन करती है। पर अत्यन्त ही दु:ख का विषय है कि वह सदैव ही उपेक्षित रही है। स्त्री इस विश्व की सर्वप्रथम दलित है। इस पुरुष प्रधान समाज में व्यक्तित्व विकास के सब प्रकार के अवकाशों से वह वंचित रही है। वह भोग की वस्तु मानी गई है। नारी बाल्यावस्था में पिता पर, यौवनावस्था में पति पर और वृद्धावस्था में बेटों पर निर्भर रहती है।

भारत में वैदिक चिन्तन ने तो स्त्री व्यक्तित्व की सर्वोपरि उपेक्षा की है। मुँह से तो यह भी कहा गया कि 'मातृ देवो भव:' जहाँ नारी की पूजा होती है वहाँ देवता लोग रमते हैं, वह आदिशक्ति परमेश्वरी के प्रतीक के रूप में है, आदि। पर वास्तव में वह नारकीय वेदनाओं में जीवनयापन करती रही है। इस देश के हर गाँव में देवी के मन्दिर मिलेंगे, त्रिमूर्तियों के दाँत खट्टे करनेवाले असुरों का संहार करनेवाली देवी तथा उसकी प्रभुता को स्वीकार करनेवाली पुराण कथाएँ उपलब्ध हैं। पर यथार्थ में उसे हर स्थान, हर मान और हर कार्य के लिए अयोग्य बतानेवाले प्रतिबन्ध भी पाए जाएँगे। स्त्री को झूठ का अवतार मानते हुए याज्ञवल्क्य और वशिष्ठ ने उसे साक्षी के लिए भी अयोग्य घोषित किया था। दयालु और करुणामयी धर्ममार्ग के गौतम बुद्ध ने भी कोई समानता का स्थान स्त्री को नहीं दिया था।

स्त्री ने पुरुष के जीवन में माँ, पत्नी, बहन, बेटी, बनकर उसके जीवन को आलोकित किया, मधुर बनाया, सार्थक किया और चेतना की शक्ति बनी रही। तुलसीदास जैसे महान संत कवि ने भी बिना संकोच के स्त्री के बारे में कहा कि 'ढोल, गँवार, शूद्र, पशु, नारी ये सब ताड़न के अधिकारी।' यह तो पुरुषवर्ग की मानसिक अस्वस्थता का स्पष्ट उदाहरण लगता है। स्त्री वेदना की सीमा का कहीं अन्त नहीं है। विवाह से पहले माता-पिता की सेवा में और विवाह के बाद पति की सेवा में जीवन व्यतीत होता है। पति यदि पहले मर जाता है तो

बेटों की मर्जी पर जीवन जीना होता है। उसका तो अपना एक घर होता ही नहीं है। मायका तो माँ-बाप और भाइयों का घर है, पति का घर तो पति का होता है उसका अपना नहीं है।

भारतीय वर्णव्यवस्था में ब्राह्मण के लिए वेदाध्ययन, क्षत्रिय के लिए युद्ध, वैश्य के लिए धनार्जन स्वधर्म है, पर शूद्र का धर्म इन सबकी सेवा करना है। स्त्री भी अपने तीनों रक्षकों—पिता, पति और पुत्र की सेवा का कर्तव्य निभाती है। स्त्री की गिनती भी शूद्रों में ही की गई है। जिस प्रकार शूद्र अपने व्यक्तित्व विकास की ही सुविधाओं से वंचित था उसी प्रकार स्त्री भी वंचित थी। शिक्षा प्राप्त करने की दृष्टि से एक राजा की पुत्री और एक दलित मजदूर की पुत्री की स्थिति एक जैसी थी क्योंकि पुरुष ने कभी नहीं चाहा कि स्त्री शिक्षित हो। मनु ने तो घोषणा की थी कि नारी स्वातंत्र्य के लिए योग्य नहीं है।

यह तो स्त्री व्यक्तित्व को शून्य करना हुआ। लगता है वैदिकों के साथ जैन भी स्त्री को मुक्ति प्राप्ति के योग्य नहीं मानते थे।

सती प्रथा हमारे देश में प्रचलित थी। अपमानजनक और उपेक्षित विधवा जीवन से सती होना ही श्रेष्ठ समझने का भ्रम था। क्षत्रियों में यह पद्धति अधिक थी। उसकी इच्छा-अनिच्छा की उपेक्षा कर पति के साथ वह जला दी जाती थी। इस प्रकार उस कालीन समाज में हजारों बन्धनों के बीच वह सजीव शव थी।

जिस पति के मरने के बाद स्त्री सती होती है उस पुरुष पति को पत्नी के प्रति प्रामाणिक होना अनिवार्य नहीं है। भारतीय विधवा स्त्री की वेदनाओं की कोई सीमा नहीं है। शृंगार करना, मुक्त होकर हँसना भी उसके लिए वर्जित माना जाता है। किसी वर्ग और जाति की विधवाओं की वेदनाओं में कोई अन्तर नहीं है। राम को पुरुषोत्तम माना जाता है पर उन्होंने भी अपनी पत्नी सीता की अग्नि परीक्षा के रूप में स्त्री अस्तित्व को नकारा था। मरे हुए पति को स्वर्ग से सावित्री लौटाकर ले आती है। पर वही पुरुष सैकड़ों जीवित स्त्रियों को अग्नि में झोंक देता है।

पुरुष वर्ग की सुख-सुविधा के लिए स्त्री सदैव अपने आपको पूर्ण रूप से समर्पित करती आई है।

नारी की निन्दाओं से, नारी के अनादर से, नारी को द्वितीय श्रेणी की नागरिक सिद्ध करने के उदाहरणों से हमारे शास्त्र-पुराण भरे पड़े हैं। पुरुष निर्मित साहित्य, दर्शन और इतिहासों में स्त्री सदैव हाशिए पर रही है।

लगता है, भारत ही नहीं बल्कि विश्व के हर देश में स्त्री अपने व्यक्तित्व विकास के अवकाशों से वंचित ही रही है। हर समाज ने स्त्री को उपेक्षा की दृष्टि से ही देखा है। कुछ उदाहरण देखा जा सकता है :

"स्त्री को कभी तत्त्वशास्त्र का अध्ययन नहीं करना चाहिए, वैवाहिक जीवन के नियमों का पालन करना ही स्त्री के लिए श्रेष्ठ तत्त्व है।"

—यूरोप का एक धर्मोपदेश

"ज्ञान, पुरुष का आदर बढ़ाता है तो अज्ञान स्त्री की सुन्दरता का कारण बनता है।"

—एक चीनी कहावत

"स्त्री, पुरुष का कोई मार्गदर्शन नहीं कर सकती। इस संसार में स्त्री की वजह से ही पाप है। इसलिए स्त्री भयंकर नरक में जाती है। उसकी मुक्ति का कोई मार्ग नहीं है।"

—सेंट पॉल

"न स्त्री स्वातंत्र्यम् अर्हति"

—मनु

हिन्दू धर्म में तो शूद्र अत्यन्त हीन जीव है और स्त्री तो नीच मानी ही गई है। इसलिए हिन्दू समाज में स्त्री की स्थिति शूद्रों से भी दयनीय है।

"स्त्री सब बुराइयों की जड़ है।"

—महाभारत

"स्त्री चंचला है, तलवार की तरह तेज है, तूफान की तरह अस्थिर है।"

—रामायण

"स्त्री एक वस्तु है, एक चीज है।"

—शाक्त

बेटी के विवाह में पिता अपनी बेटी का कन्यादान करता है। प्राय: भारतीय भाषा में ही 'कन्यादान' जैसा शब्द देखने को मिलता है जहाँ किसी वस्तु या प्राणी को दान के रूप में देने की प्रथा सुनने में आती है अर्थात् भारतीय सन्दर्भ में स्त्री का अस्तित्व किसी वस्तु या प्राणी के समान ही है।

दहेज के नाम पर स्त्री को जला देना अत्याचार है। स्त्री-भ्रूण-हत्या भारतीय समाज के लिए बहुत बड़ा कलंक है। आनेवाले दिनों में स्त्री की नारकीय स्थिति को लेकर यह एक चेतावनी है। आठवें दशक में तमिलनाडु के उसिलंब में वुल्लकर जाति में लगभग छह हजार नवजात शिशुओं की हत्या माँ-बाप ने मिलकर की थी। आज भी राजस्थान और हरियाणा में स्त्री-भ्रूण-हत्या आम बात लगती है।

मुम्बई के एक अस्पताल में ही 1984-85 में सोलह हजार स्त्री-भ्रूण-हत्या की बात बाहर आई थी। *(गार्डियन 4.11.86)*

1978-83 के बीच प्राप्त आँकड़ों के अनुसार भ्रूण-हत्या के उदाहरण मिलते हैं। एक समाचार-पत्र से पता चला है कि इन दिनों हरियाणा के एक निजी अस्पताल के पास एक कुएँ में सौ से अधिक स्त्री शिशु भ्रूण मिले हैं। ऐसा नहीं है कि अशिक्षित और निर्धन लोग ही यह काम करते हैं। पढ़े-लिखे और सम्पन्न परिवारों में भी यह हो रहा है। कहा जाता है कि एक स्वस्थ समाज में स्त्री-पुरुषों की संख्या 51:49 के अनुपात में होनी चाहिए। तात्पर्य है कि स्वस्थ समाज में स्त्री संख्या का पुरुष संख्या से अधिक होना सही माना गया है। पर स्त्री-भ्रूण-हत्या की वजह से प्रति एक हजार जनसंख्या में लगभग 70-75 की दर से संख्या कम होती जा रही है। हरियाणा और पंजाब में युवकों के विवाह में युवतियों के अभाव की समस्या गाँवों में देखी जा रही है। समाज के समाजशास्त्रियों का तो कहना है, आनेवाले दिनों में द्रौपदी की तरह पाँच पति होने का दृश्य देखने को तो नहीं मिलेगा? स्त्री-भ्रूण-हत्या को अपराध करार देने का कानून तो आया है पर मनुष्य के मन को मानवतावादी करने के लिए कोई कानून नहीं है।

इस प्रकार की राक्षसी प्रवृत्ति के दो कारण हैं—समाज में स्त्री के प्रति हीनभावना का होना और बेटी की शादी में माँ-बाप का आर्थिक नुकसान होना। भारतीय मानसिकता यह समझ बैठी है कि बेटे से ही परिवार का उद्धार होता है। सैकड़ों की संख्या में इधर एक जनजाति में माँ-बाप ने अपनी बेटियों को बेच दिया। कारण है गरीबी और बेटी की शादी रचने में उनकी आर्थिक अयोग्यता।

जमीन को निजी सम्पत्ति के रूप में देखने की परिकल्पना के साथ पितृप्रधान परिवार अस्तित्व में आया। स्त्री अपना आर्थिक अधिकार खो बैठी। सम्पत्ति के उत्पादन अधिकार से वह वंचित हो गई और द्वितीय श्रेणी की नागरिक बन गई। पुरुष जब हल चलाने लगा तो हल का मालिक भी बन बैठा और जमीन का भी। इसी उपक्रम में स्त्री का भी मालिक बन बैठा। स्त्री और विश्व की सब चीजों पर पुरुष का अधिकार हो गया। तभी से स्त्री की दुखभरी हीनावस्था शुरू हो गई।

मानव मात्र के इतिहास के साथ स्त्री मुक्ति का इतिहास भी जुड़ा हुआ है। लेकिन अत्यन्त ही अनसुनी आवाज में। लगभग सन् 1830 के आसपास अमेरिका की महिलाएँ गुलामी विरोधी कार्यक्रमों में स्वयं को शामिल करने लगीं। अमेरिका में 'गुलामी विरोधी समाज' का आरम्भ 1883 में हुआ था। यह समाज गुलामी विरोधी संघर्षों के लिए बनी संस्थाओं में से एक था। महिलाओं को इस समाज की समिति की सदस्यता देने के योग्य नहीं माना गया था। आश्चर्य होता कि

यूरोप के कई देशों से आकर अमेरिका का निर्माण करनेवाला यह श्वेत पुरुषवर्ग मानता था कि स्त्री को स्वतंत्रता नहीं देनी चाहिए; यह पुरुष प्रधान समाज का अहं था। वे यह मानते थे कि स्त्री को घर के काम-काज में ही लगना चाहिए। इसीलिए श्वेत महिलाएँ अपने अधिकार के लिए और श्याम वर्ण के गुलामों की मुक्ति के लिए दास्य विरोधी आन्दोलन श्वेत महिलाओं की अस्मिता और श्याम वर्ण की जन-जातियों की मुक्ति के लिए एक साथ काम कर रहा था। यहाँ अधिक बल शोषित, विशेषकर श्याम वर्ण की स्त्री मुक्ति पर दिया गया। गुलामी विरोधी आन्दोलन ने बड़ी सूक्ष्मता से स्त्री मुक्ति का भी काम ऊँची आवाज में किया है। कई अफ्रीकी महिलाएँ भी इस आन्दोलन में काम कर रही थीं, जो स्त्रियों में एक आत्मबल देने में सहायक सिद्ध हुआ। महिलाओं की ओर से एक उदाहरण दिया जा सकता है। सार्जनर टूथ नामक महिला का जन्म न्यूयॉर्क के हरले में हुआ था। इनका पुराना नाम था इबेज बौन फ्री। बूढ़े गुलाम से जबरदस्ती विवाह होने के बाद उन्होंने पाँच बच्चों को जन्म दिया। गुलामी के दिनों में उसके तीन बच्चे बेच दिए गए। सन् 1828 में इसेसाबेल गुलामी से भागकर आई और 1843 से सारी जिन्दगी गुलामी के विरोध में वह भाषण करती रही। सार्जनर अनपढ़ थी पर भाषण कला में चतुर थी। लगभग चालीस वर्षों तक वे स्त्री मुक्ति और गुलामी के विरोध में विचार-प्रसार करती रही। वह दासता विरोधी मात्र नहीं, बल्कि स्पष्ट स्त्रीवादी भी थी। ओहयों में चल रही स्त्री अधिकार आन्दोलन की सभा में दिया गया उनका वक्तव्य बहुत प्रसिद्ध है। वक्तव्य का प्रारम्भ उन्होंने इस प्रकार किया था—मैं एक औरत हूँ न! स्त्री में यह एहसास बहुत ही महत्त्वपूर्ण लगता है। गुलामों की मुक्ति के लिए किए गए आन्दोलनों में कई गुलाम महिलाओं का भाग लेना स्त्री मुक्ति के लिए प्रकाश किरण स्वरूप इतिहास में दर्ज हुआ।

बारहवीं सदी में कन्नड़ का वचन साहित्य स्त्री स्वातंत्र्य, सम संस्कृति की स्थापना, अभिव्यक्ति स्वातंत्र्य, चर्चा-परिचर्चाओं का प्रारम्भ या यों कहें सबको सब प्रकार की समानताओं के स्वस्थ समाज का निर्माण, अन्तरंग और बहिरंग व्यक्तित्व विकास की सुलभ सम्भावनाओं का अवकाश, मन्दिर की पत्थर संस्कृति से मनुष्य केन्द्रित संस्कृति की ओर चलने की प्रक्रिया का साहित्य है। इस साहित्य-सन्दर्भ ने लगभग भारतीय निम्न जाति और निम्न वर्ग को पहली बार बोलने, लिखने और सब प्रकार के व्यक्तित्व विकास का अवकाश दिया है। विशेषकर महिलाएँ अधिक संख्या में यहाँ पढ़ती-लिखती काव्य सृजन करती रही थीं, वे चर्चाओं में भाग लेतीं, और समकालीन मानव सम्पन्न मूल्यों की श्रीवृद्धि का कारण बनती हैं। आज लगभग नौ सौ वर्षों के बाद भी 35 से

अधिक महिलाओं का काव्य वचन साहित्य के रूप में मिलता है। सांस्कृतिक स्त्री शक्ति का चिन्तन-विवेचन यहाँ होता है। इसलिए विश्व स्तर पर स्त्री शोषण का अवलोकन और उसकी मुक्ति के लिए किए गए प्रयास इस साहित्य में देखे जा सकते हैं। वचन साहित्य के सन्दर्भ को और अधिक चैतन्यशील दृष्टि से देखा जा सके, इसलिए अमेरिका में गुलामों के संघर्ष का इतिहास और वहाँ की गुलाम महिलाओं के दर्द को आँखों के सम्मुख लाने के लिए कुछ और बातें यहाँ पाठकों के सामने रखने की इच्छा हो रही है।

सन् 1616 : आधुनिक अमेरिका के इतिहास में यह वर्ष महत्त्वपूर्ण है। गुलामों के व्यापार के लिए सुविधाजनक स्थान जेम्स टाउन में अफ्रीकी गुलामों का आगमन। एक डच व्यापारी ने यहाँ गुलामों को अनाज के बदले में खरीदकर गुलामी पद्धति की स्थापना की।

सन् 1638 : अफ्रीकी गुलाम पुरुषों की कीमत लगभग 27 डॉलर निश्चय की गई। यूरोपीय मजदूर का एक दिन का पारिश्रमिक 70 सेंट था।

सन् 1640 : रोमन पद्धति की तरह गुलामों पर मुहर लगाना, उन्हें चाबुक से मारना आदि शुरू किया गया।

सन् 1641 : गुलाम पद्धति को कानून के मुताबिक सही ठहराया गया।

सन् 1660 : गुलामी के सम्बन्ध में कई कानून लाए गए। कानून के अनुसार अफ्रीकी गुलाम, गुलाम औरत के बच्चों को सारी जिन्दगी गुलाम रहकर सेवा करनी होगी।

सन् 1662 : वर्जीनिया कानून के अनुसार सारे अफ्रीकी अश्वेतों को गुलामी करनी होगी। नीग्रो औरतों को श्वेत पुरुषों के सम्बन्ध से यदि बच्चे जन्म लेते हैं तो माँ की तरह बच्चे को भी गुलामी करनी होगी।

सन् 1664 : मेरीलैंड में गुलामी पद्धति का कानून लाया गया। श्वेत महिलाओं का अश्वेत पुरुषों के साथ विवाह करना कानून विरोधी माना गया। यह कानून अगले 300 वर्षों तक जारी रहा। (अर्थात् 1964 तक!)

सन् 1672 : ब्रिटेन ने रॉयल अफ्रीकन कम्पनी की स्थापना कर अफ्रीकी कानून के अनुसार गुलामों का व्यापार प्रारम्भ कर दिया।

सन् 1680 : गुलामी पद्धति के नीति-नियम बनाए गए। नियम के अनुसार गुलामों को निजी सम्पत्ति माना गया। मालिक गुलामों को खरीद सकता था, बेच सकता था, किराए पर दे सकता था और गुलामों

को बदल सकता था। गुलामों को शादी करने, मत देने, सम्पत्ति रखने और अदालत में खड़ा होकर साक्षी बनने का अधिकार नहीं था।

सन् 1698 : ब्रिटिश संसद ने ब्रिटिश व्यापारियों को गुलामों का व्यापार करने की अनुमति दी।

सन् 1717 : नीग्रो पुरुष श्वेत स्त्री से यदि विवाह करता है या श्वेत पुरुष नीग्रो स्त्री से विवाह करता, तो उनको सारा जीवन गुलाम बनकर रहना होगा। श्वेत स्त्री से जन्मे बच्चे का सात वर्षों तक सेवक बनकर रहने का कानून मेरीलैंड राज्य ने पारित किया।

सन् 1776 : ब्रिटेन से देश स्वतंत्र हुआ। फिर भी औरतों को कई तकलीफों का सामना करना पड़ा। एकाध धनवानों को छोड़कर अन्य स्त्रियों को प्राथमिक शिक्षा से बढ़कर शिक्षा की सुविधा नहीं थी।

सन् 1894 : मेरीलैंड की गुलाम स्त्री हॅरियेट् टब् मन् उत्तर दिशा की ओर भाग गई और अंडर ग्राउंड रेलमार्ग में कंडक्टर बन गई। टब् मन् 19 बार दक्षिण में आई और 300 गुलामों को मुक्त कराने में सहायता की।

तात्पर्य यह है कि बारहवीं सदी में कन्नड़ साहित्य में बहुत संख्या में महिलाएँ काव्य की रचना कर रही थीं और अमेरिका में सोलहवीं सदी के आसपास भी स्त्रियों में गुलामी प्रथा चल रही थी और वे मुक्ति के लिए संघर्ष अब शुरू कर रही थीं। 'मध्यकाल में चर्च ने अपने से रत्ती-भर भी असहमत होनेवाले हजारों स्त्री-पुरुषों को डायन और शैतान का पुजारी घोषित करके बहुत ही क्रूर और बीभत्स तरीकों से मौत के घाट उतार दिया था। जॉन ऑफ आर्क को भी जादू-टोने के आरोप में जिन्दा जलाया गया था।'[1]

स्त्री के आँसुओं की दर्द भरी कथा पुरुष प्रधान समाज के ऐतिहासिक पृष्ठों में हर कहीं सुनाई देती है। अपने आपको 'प्रगतिशील देश' घोषित करनेवाले कई देशों में चार-पाँच दशकों पूर्व तक स्त्रियों को वोट देने का अधिकार नहीं था। वैश्विक परिप्रेक्ष्य में आधुनिक काल में भी महिला को प्रोफेसर होने और नोबेल जैसे पुरस्कार प्राप्त करने से दूर रखा गया था।

आज जिस सन्दर्भ में हम जी रहे हैं, हर रोज समाचार-पत्रों में महिला को जला देने, सामूहिक अत्याचार, बेटियों के साथ माँ की आत्महत्या आम बात हो गई है। आजाद भारत के समकालीन युग में भी स्त्री-सती होने के उदाहरण हैं।

1. विद्रोही स्त्री—जर्मन ग्रीयर, 239

रूपकुँवर जैसी युवती सती होती है और देखा यह गया है कि उसके पति और ससुर सुशिक्षित थे। सती प्रथा का वैभवीकरण होता है और उस सती के मन्दिर निर्माण के भी प्रयास होते हैं। एक युवा नेता, जो किसी एक राजकीय पार्टी से जुड़ा हुआ होता है, अपनी प्रियतमा लगनेवाली युवती को दो-दो इंच टुकड़ों में काटकर किसी ढाबे के चूल्हे में डाल देता है। आज भी कई गाँवों की स्त्री-शिक्षा शून्य के बराबर है। इससे अन्दाजा लगाया जा सकता है कि स्त्री मुक्ति की लड़ाई अभी कितनी लम्बी है।

वचन साहित्य : स्त्री चिन्तन का उत्साह काल

किसी कवि ने लिखा है :

इतिहास लिखना
काव्य का काम नहीं है
काव्य से बढ़कर
सुन्दर इतिहास लिखनेवाला
कोई इतिहासकार नहीं है।

किसी काव्य, शास्त्र, पुराण आदि में निहित सत्य को सूक्ष्मता से देखने पर स्त्री की स्थिति का चित्रण हमारी आँखों के सामने स्पष्ट हो जाता है। स्त्री शोषण की ऐतिहासिक दृष्टि को सचेत रखकर ही स्त्री मुक्ति के प्रयास किए जा सकते हैं। कहा गया है कि जो इतिहास नहीं जानता वह इतिहास का निर्माण नहीं कर सकता है।

कन्नड़ साहित्य के इतिहास की परम्परा में बारहवीं सदी का वचन साहित्य युग सच्चे अर्थों में स्वर्ण युग कहा जा सकता है। इस काल के कन्नड़ कवि-कवयित्रियों ने, जो शिवशरण-शिवशरणियाँ कहलाते हैं, कविताओं की रचना सामाजिक, आर्थिक, सांस्कृतिक और धार्मिक आन्दोलन के लिए की है। काव्य धर्म इनके लिए साधन मात्र था, न कि साध्य।

'वचन' गद्य-पद्य का सम्मिश्रण सरस काव्य विधा मानी जा सकती है। इनके साहित्य को 'वचन साहित्य' के नाम से जाना जाता है।

एक समय में एक शेक्सपियर या वड्र्सवर्थ का होना, एक कालिदास या रवीन्द्रनाथ टैगोर का होना मेरे लिए या किसी भी स्वस्थ साहित्य प्रेमी के लिए आश्चर्य की बात नहीं लगनी चाहिए। यहाँ तो हर कोई महान कवि था, महाकवि था, महान कवयित्री थी।

अनुभव मंटप

सामूहिक चिन्तन से, प्रश्न करने की परम्परा से, चर्चा-परिचर्चाओं की संस्कृति से सज्जनों के सत्संग से, सबसे बढ़कर सामाजिक हित के सामूहिक उत्तरदायित्व

की चेतना से असम्भव सम्भव होता है। इसके लिए ही शिवशरणों ने 'अनुभव मंटप' की स्थापना की थी। सत्संग और सहचिन्तन इस अनुभव मंटप की विशेषता है।

एक अनुभव की बात है कि तुम्हारे मित्र मंडली के सदस्यों के स्वभाव से पता चलता है कि तुम क्या हो। तुम्हारे व्यक्तित्व का निर्माण उससे होता है जिन लोगों के साथ तुम हो। थोड़ा-सा खोकर और थोड़ा-सा प्राप्त कर तुम बुरे या अच्छे बनते हो। इसलिए विद्वान, चिन्तक, जनवादी, जीववादी के सत्संग में रहोगे तो उसी को प्राप्त करोगे। स्वस्थ समाज के निर्माण के लिए तुम्हारा व्यक्तित्व बहुउपयोगी बन पाएगा। यही सार्वकालिक सत्य है। हर एक पत्थर में एक मूर्ति होती है, पर अनामिकावस्था में। चिन्तन-मंथन से, कलात्मक, सूक्ष्म बारीकियों के काम से एक कलात्मक शिल्प कलाकृति का साक्षात्कार करना पड़ता है। यह सत्संग से ही सम्भव होता है। सत्संग से मनुष्य हीनभावना और अहंभावना इन दोनों से मुक्त होता है। इन दोनों से मुक्त समाज में व्यक्ति और समाज का हित सम्भव होता है। व्यष्टि एवं समष्टि का सुन्दर समन्वय सम्भव होता है।

ज्ञानी और अनुभवी-अनुभावियों के सत्संग से अपनी उपयोगिता और योग्यता का भी परिचय होता है। संवेदनशील और श्रेष्ठ लेखक, कलाकार, संगीतकार और सांस्कृतिक महत्त्व के व्यक्तियों का विकास ऐसे ही सत्संग से हुआ है। गलत रास्ते पर जा रहा व्यक्ति भी विद्वानों के मार्गदर्शन से सही रास्ते पर चलने लगता है। अनुभवी चेतनाओं के अनुभव मंटप सत्संग से बिगड़ी हुई बात बनती है। कबीरदास ने भी कहा है :

सत्संग लागी रहो रे भाई।
तेरी बिगरी बात बन जाई॥

ऐसा नहीं कि सत्संग का सत्फल इने-गिने लोगों को ही मिलता है। ब्राह्मण, क्षत्रिय, वैश्य, शूद्र, अन्त्यज सब को यह सत्फल सुनिश्चित है। पर देखना यह होता है कि क्या यह सज्जनों का सत्संग है या कोई भ्रम। शरण संत कबीरदास, बसवेश्वर आदि के सत्संग से कई उपेक्षित शरण संतों ने श्रेष्ठता को प्राप्त किया।

साहित्यिक और सामाजिक क्रान्ति की कल्पनाओं को यथार्थ में परिवर्तित करने के लिए शिवशरणों ने 'अनुभव मंटप' की स्थापना की थी। वर्ग-वर्ण-लिंग का भेदभाव न करते हुए सबको अनुभव मंटप में प्रवेश मिला। इसकी सदस्यता के लिए यह अनिवार्य माना गया था कि इसके सदस्य सभी को समानता की दृष्टि

से देखें। शुद्ध कायक (श्रम) करते हुए परिश्रमजीवी बनकर रहें और स्त्री-पुरुषों से भेदभाव न करें। सारे भारत के भिन्न-भिन्न प्रदेशों से इस अनुभव मंटप में भाग लेने के लिए; धार्मिक और सामाजिक परिवर्तन के आन्दोलन से अपने आपको जोड़ने के लिए यहाँ सभी जमा हो गए थे, जैसे कश्मीर से राजा महादेव और उनकी पत्नी, गुजरात से आदय्या, कलिंग देश से मरूळशंकरदेव, आन्ध्रा से मैदून रामय्या तथा कर्नाटक के कोने-कोने से शिवशरण और शरणियाँ। सभी श्रमवर्ग के लोगों ने इसमें भाग लिया था, जैसे—मोची, ढोर पालक, धोबी, केवट, हज्जाम, लकड़ी बेचनेवाले, रस्सी बनानेवाले, किसान, नट, संगीतज्ञ, चावल कूटनेवाले आदि। लगभग सब शरण अपनी धर्मपत्नी के साथ अनुभव मंटप की आध्यात्मिक और साहित्यिक परिचर्चाओं में भाग लेते थे। जीवन के भीतर-बाहर की चर्चा करते थे एवं अन्तरंग और बहिरंग शक्ति प्राप्त करते थे। उस युग में शरण-शरणियों के सत्संग के केन्द्रस्थान अनुभव मंटप द्वारा अनुपम सांस्कृतिक विकास सम्भव हुआ। आश्चर्यजनक रीति से उपेक्षित निम्न जाति एवं निम्न वर्ग के शरण-शरणियों ने अनुभव मंटप की चर्चाओं में सक्रिय भाग लिया, काव्य की रचना की, काव्य को लेकर आलोचना की एवं काव्य और जीवन का सुन्दर समन्वय किया। इस सत्संग में, जिसने कभी बात नहीं की थी, उसने ऊँची आवाज में सांस्कृतिक बातें कीं। स्त्रियों ने सबसे पहली बार व्यक्तित्व का सर्वोपरि विकास किया और इससे सामाजिक व्यक्तित्व का भी विकास हुआ।

शरणों के सत्सम्पर्क में आकर कई हीन जाति के लोगों ने व्यक्तित्व विकास किया। वे सोचने लगे कि जन्म से कोई छोटा या बड़ा नहीं होता। शरणी लिंगम्मा इस सत्संग से अपने को धन्य समझती हैं और कहती हैं :

निम्न जाति में जन्म लेकर
सत्संग में विकसित होकर,
सत्य शरणों के चरणों में रही।

इस वचन साहित्य आन्दोलन ने जाति पद्धति, अस्पृश्याचरण, एवं असमानता के विरुद्ध जो युद्ध छेड़ा था उससे उपेक्षित वर्ग ने स्वाभिमान और आत्मबल हासिल किया, जो मनुष्य की भूख मिटाने से भी महत्त्वपूर्ण माना जाता है। इस साहित्यान्दोलन ने स्त्री के व्यक्तित्व को निडरता और वैचारिकता की दीक्षा दी थी। वह अपने पति को वैचारिकता की दिशा में मार्गदर्शन करने का साहस कर सकती थी। शरण आय्दक्की मारय्या और उसकी पत्नी लक्कम्मा दोनों अपने सात्त्विक कायक के लिए शरण कुल में प्रसिद्ध थे। मारय्या बसवण्णा के महामने के आँगन में से चावल चुनकर लाते थे। इससे उनका पेट भरता था

और जंगमों की सेवा भी इसी से हो जाती थी। मारय्या का कायक यही था। एक दिन वहाँ चावल अधिक पड़ा मिला और मारय्या के उस दिन अधिक चावल घर लाने से पत्नी लक्कम्मा पति को सचेत करती है और कहती है कि दुराशा तो राजा में होती है हममें नहीं। आवश्यकता से अधिक चावल लौटाने को कहती है। यह है स्त्री के व्यक्तित्व का विकास। लक्कम्मा का यह वचन स्पष्ट कर देता है कि आवश्यकता से अधिक संग्रह करने की प्रवृत्ति समाज के लिए घातक है :

आशा तो राजा में चाहिए
शिवभक्तों में क्यों?
इतने चावल की आशा आपमें क्यों?
ईश्वर मानेंगे नहीं, मारय्यप्रिय, अमरेश्वर लिंग से
आप दूर हैं हे मारय्या।

शिवशरणी अक्कमहादेवी तो सत्संग की चैतन्यशक्ति अनुभव मंटप की महान देन है। वह तो भाषा की मंत्रशक्ति का साक्षात्कार करनेवाली है। शरणों के सत्संग और मार्गदर्शन से गुरु-लिंग-जंगम द्वारा 'शिवयोग' की चरम सिद्धि की वह साधिका है। राजसत्ता-पुरुषसत्ता और दैव सत्ता के प्रतिनिधि राजा कौशिक को त्यागकर जड़ परम्पराओं का विरोध करके स्त्री में विद्रोह की चिंगारी जागृत रखते हुए अक्कमहादेवी अपने एक वचन में यह स्पष्ट कर देती है कि किस प्रकार शरणों के सत्संग से उसके तन-मन और प्राण शुद्ध बन जाते हैं और वह अपने इष्टदेव चन्नमल्लिकार्जुन के लिए योग्य बनती है :

हे जी, आप अनुभावियों के सत्संग से
मेरा तन शुद्ध हुआ,
हे जी, आप अनुभावियों के सत्संग से
मेरा मन शुद्ध हुआ,
हे जी, आप अनुभावियों के सत्संग से
मेरा प्राण शुद्ध हुआ,
हे जी, आप अनुभावियों ने मुझे
परीक्षा कर योग्य बनाया इसलिए,
हे चन्नमल्लिकार्जुन, मैं
आपसे स्वीकृत हुई हूँ।

—अक्कमहादेवी

पहले ही कहा जा चुका है कि शरणपूर्व काल में स्त्री भोग की वस्तु मात्र मानी जाती थी। विशेष कर मठ-मन्दिर भोग के केन्द्र बन चुके थे जिसमें स्त्री पर अत्याचार प्राय: हुआ करता था। स्त्री गौरव से नहीं बल्कि कामुक भावना से देखी जाती थी। काळामुख आदि शैव व्यसनी बन गए थे। दैवी-आचरण के बहाने देवदासियाँ विवाह की सुविधा से वंचित होकर उच्च वर्ग और वर्ण के पुरुषों की कामवासना का शिकार बनती थीं। हर वर्ग-वर्ण की स्त्री शोषित थी और व्यक्तित्व विकास की सुविधाओं से वंचित थी। भारतीय नारी की दुर्गति अवर्णनीय कही जा सकती है।

नारी की इस दुर्गति और उपेक्षा की शिवशरणों ने कड़ी आलोचना की है और ऐसे समाज का इन्होंने विरोध किया है। वह तो पुरुष की सहधर्मिणी होती है। पुरुष के विकास में सहायक ही नहीं बल्कि प्रेरणा बन सकती है। अवकाश मिलने पर पुरुष के समान ही व्यक्तित्व के सर्वांगीण विकास की चरम सीमा पर पहुँच सकती है। बसवयुग की शिवशरणियाँ इस तथ्य का प्रमाण हैं। लगभग सभी शिवशरणियों ने अनुभव मंटप में भाग लेकर शरणों के साथ धार्मिक, सामाजिक और साहित्य का चिन्तन किया। अन्य शिवशरण कवि—बसव, अल्लम प्रभु, चन्न बसवण्णा और सिद्धराम के समान ही श्रेष्ठ वचनों की रचना की हैं। आत्मोन्नति के साथ-साथ समाजोन्नति के मार्ग में इनकी बड़ी देन रही है। पुरुषों के साथ साहित्य, समाज और धर्म में इन्होंने समानता से प्रभाग किया।

अल्लम प्रभु यह स्पष्ट करते हैं कि स्त्री साधना के मार्ग में माया नहीं है। मनुष्य का मानसिक विकार ही माया है।

कहते हैं :

कनक माया है, कनक माया नहीं,
नारी माया है, नारी माया नहीं,
मिट्टी माया है, मिट्टी माया नहीं,
मन की आशा ही माया है, हे गुहेश्वर!

सही मायने में पुरुष के कन्धे से कन्धा मिलाकर इस युग में स्त्री ने विकास किया है। अदूर दृष्टि से अन्धों की आग में जलती नारी ने पुकार-पुकार कर अपनी मुक्ति के लिए काव्य रचना की और इसमें अत्यन्त ही आत्मीयता से शरणों ने इनकी सहायता की। सामाजिक क्रान्ति का एक मार्ग इन शरणियों ने ढूँढ़ निकाला।

शरण और शरणियों ने पुरुष और स्त्रियों में योग्यता की दृष्टि से अन्तर को नकार दिया। शारीरिक रचना मात्र से वे दोनों भिन्न हैं न कि प्रतिभा और योग्यता

में। शरण जेडर दासिमय्या कहते हैं कि थन-चोटी से स्त्री, स्त्री कहलाती है और मूँछ से पुरुष, पुरुष कहलाता है। लेकिन इनमें स्थित आत्मा न पुरुष है न स्त्री :

थन चोटी से स्त्री कहलाएगी,
मूँछ-दाढ़ी से पुरुष कहलाएगा।
दोनों में स्थित आत्मा न स्त्री है न पुरुष है हे रामनाथ!

ज्ञान प्राप्ति के लिए भी स्त्री-पुरुष में कोई अन्तर नहीं किया जा सकता। ज्ञान न स्त्री का है न पुरुष का। इसलिए शरणी गोग्गव्वे पूछती हैं :

थन चोटी से स्त्री कहलाएगी,
मूँछ और काछा से पुरुष कहलाएगा,
इन दोनों में स्थित ज्ञान स्त्री है या पुरुष, हे नास्तिनाथ?

अक्कमहादेवी अपनी साधना के लिए घर-बार, गाँव की उपेक्षा कर सारे सामाजिक बन्धनों को तोड़कर कल्याण आई थीं। उन्हें कई बाधाओं का सामना करना पड़ा। अक्कमहादेवी बाधाओं को चुनौती देती हैं कि कल का आज, आज का अभी आने दो :

कल जो आएगा, आज ही आने दो,
आज जो आएगा, अभी आने दो,
अब-तब मत कहो, हे चन्नमल्लिकार्जुन!

स्त्री के प्रति शिवशरणों के मन में असीम गौरव की भावना थी। स्वस्थ समाज के लिए स्त्री के प्रति गौरव की भावना अत्यन्त आवश्यक है। शरण श्री सिद्धराम कहते हैं कि स्त्री, स्त्री मात्र नहीं बल्कि वह साक्षात् मेरा आराध्य कपिलसिद्ध मल्लिकार्जुन ही है :

स्त्री, स्त्री मात्र नहीं,
स्त्री, राक्षसी नहीं,
स्त्री साक्षात् कपिलसिद्ध मल्लिकार्जुन है।

बसवेश्वर कहते हैं कि यहाँ-वहाँ विचरते हुए कहीं पर भी स्त्री को नहीं देखूँगा। उसे मैं साक्षात् पार्वती समझूँगा जो जीवन का श्रेष्ठ मूल्य है :

शपथ! आपकी शपथ, आपके शिवचरणों की शपथ,
जहाँ कहीं भी मन विचरण करेगा,
पर स्त्री को महादेवी कहूँगा हे कूडलसंगमदेव।

परधन और परस्त्री को शरणों ने कभी स्वीकार नहीं किया। परस्त्री और परधन पर जो दृष्टि डालता है वह भगवान को भी सन्तुष्ट नहीं कर सकता। बसवण्णा का निम्न वचन देखिए :

नीयत होनी चाहिए शरण की, परधन न चाहने की,
नीयत होनी चाहिए शरण की, परसति न चाहने की,
नीयत न रहनेवालों को अपनाते नहीं कूडलसंगमदेव।

शिवशरणी सत्यक्का तो कहती हैं कि परधन, परस्त्री और परदेव त्यागने से बढ़कर कोई पूजा-पाठ, मंत्र-तंत्र, धूप-दीपारती नहीं है। समाज इनके लिए श्रेष्ठ है, व्यक्तिगत आध्यात्मिक साधना नहीं। सत्यक्का का यह वचन देखिए :

अर्चन और पूजा व्रत नहीं,
मंत्र और तंत्र व्रत नहीं,
धूप, दीप और आरती व्रत नहीं,
परधन, परस्त्री, परदैव को नहीं चाहना ही व्रत है,
शंबुजकेश्वर में इन्हें दर्शन कराना ही व्रत है।

शरण-शरणियों के काव्य से यह स्पष्ट हो जाता है कि इन्होंने नारी विमोचन, उसके सर्वांगीण विकास, और समाज में मुक्त वातावरण के निर्माण के लिए प्रयास किया। शायद भारत में बारहवीं शताब्दी में पहली बार नारी को अभिव्यक्ति स्वातंत्र्य मिला। इस अभिव्यक्ति स्वातंत्र्य ने स्त्री में सांस्कृतिक विवेक और प्रश्न करने की शक्ति दी, जो नारीवाद की सफलता की पृष्ठभूमि बनी। शिवशरणी गोग्गव्वे का एक वचन देखा जा सकता है :

पुरुष यदि स्त्री से प्रेम करके
उसे अपनाता है तो वह
पुरुष का आभूषण मानी जाती है,
स्त्री यदि पुरुष से प्रेम करके
उसे अपनाती है तो इसे क्या कहा जाता है?
इस द्वि-विधा के द्वन्द्ध से मुक्त होकर
समभाव से रहना ही सुख है
हे नास्तिनाथ! यही परिपूर्णता है।

नारीवाद की दृष्टि से इस वचन का एक सुन्दर और अर्थपूर्ण स्त्री-विमर्श हो सकता है। पुरुषप्रधान समाज की पुरुषसत्ता से यहाँ स्त्री प्रश्न कर रही है और अपनी अस्मिता की स्थापना के लिए चुनौती दे रही है। कहती है, यदि कोई पुरुष

स्त्री से प्रेम करके विवाह करता है तो वह स्त्री पुरुष के लिए एक आभूषण मात्र बनकर रहती है। उसका अपना कोई स्वतंत्र व्यक्तित्व नहीं होता। वह हँसती, बोलती, उठती-बैठती भी है तो उस परदैव पति की आज्ञा और इच्छा के अनुसार ही। वह पति परमेश्वर के नाम के साथ मात्र पहचानी जाती है। स्त्री को लेकर यही इस समाज की स्वीकृत परम्परा है। पर शिवशरणी गोग्गव्वे का प्रश्न है कि यदि स्त्री पुरुष से प्रेम करती है और उस पुरुष से प्रेम-विवाह करती है तो उसे आप क्या कहेंगे? क्या वह पुरुष भी स्त्री के लिए एक आभूषण बनेगा?

यहाँ नारी की अस्मिता को सुरक्षित रखने के लिए शरणी गोग्गव्वे के विचार तीन-चार आयामों में काम कर रहे हैं :

(1) नारी को पुरुष के लिए आभूषण मात्र मानने की कैसी बात?

(2) स्त्री भी प्रेम कर सकती है।

(3) पति के चयन का उसे अधिकार है।

(4) पुरुष की श्रेष्ठता का विचार अर्थहीन है इसलिए स्त्री-पुरुषों के बीच भेद-भाव नहीं होना चाहिए।

इस जीवन में दोनों का अस्तित्व समान है। लिंग असमानता की भावना से मुक्त होकर समभाव से रहना ही सुख का समृद्ध मार्ग है एवं यही परिपूर्णता का मार्ग है।

आज स्त्रीवाद भी यही मानकर चल रहा है कि स्त्री-पुरुष भेद को दूर कर समभाव से रहना यही स्वस्थ समाज का द्योतक है। नारीमुक्ति के आन्दोलन में पुरुष का सहचिन्तन परमावश्यक है, स्त्री के साथ पुरुष की सह-यात्रा परमावश्यक है। इसलिए बारहवीं सदी का कन्नड़ वचन साहित्य स्त्री मुक्ति के लिए उत्साह का काल था।

स्त्रीवाद नारीमुक्ति का ही भाव नहीं बल्कि शोषित पुरुषवर्ग की मुक्ति भी चाहता है। शोषित समाज का उसकी ही भावना से मुक्ति चाहता है। स्त्री-पुरुष दोनों में स्वाभिमान और स्वावलम्बन की मानसिकता स्त्रीवाद प्रस्तुत करता है। एक-दूसरे के प्रति आदर का भाव भी स्त्रीवाद की बहुत बड़ी देन है। स्त्री तो पुरुष के प्रति आदर भाव रखती ही थी। पर शरण साहित्य के सन्दर्भ में शिवशरणों ने सदैव स्त्री व्यक्तित्व का आदर किया है। सिद्धराम शरण ने कहा है कि :

स्त्री, स्त्री मात्र नहीं है, वह राक्षसी नहीं है,
स्त्री साक्षात् कपिलसिद्ध मल्लिनाथ है।

बसवेश्वर अल्लम प्रभु, सिद्धरामेश्वर जैसे सभी शरणों ने स्त्री की महानता का इस प्रकार आदर करते हुए सामाजिक, सांस्कृतिक और धार्मिक आयामों में स्त्री व्यक्तित्व की जबरदस्त स्थापना की है।

स्त्री चिन्तन सम्बन्धी लेखन कार्य में महिलाएँ कई आयामों से लिख रही हैं। कन्नड़ साहित्य सन्दर्भ में आज लेखिकाएँ तीन क्षेत्रों में लिख रही हैं :

(1) परम्परावादी सामाजिक, धार्मिक और सांस्कृतिक व्यवस्था को स्वीकार करते हुए यजमान-संस्कृति का गुणगान, धर्म-कर्म और अन्धविश्वास की प्रशंसा करते हुए वास्तविकता-वैचारिकता और कलात्मकता की उपेक्षा करते हुए भ्रमात्मक लोक का निर्माण करनेवाली लेखिकाएँ।

(2) हर स्त्री समस्या के लिए पुरुष वर्ग को दोष देते हुए, समाज की मूल समस्याएँ जैसे गरीबी, बेरोजगारी, जातिव्यवस्था और असमानताओं की ओर ध्यान नहीं देते हुए स्वच्छंद लेखन।

(3) इन दो मार्गों से हटकर ऐतिहासिकता की पृष्ठभूमि में साहित्य-संस्कृति एवं जीवन का विवेचन करते हुए, स्त्री शोषण के इतिहास पर प्रश्न करते हुए, सम-संस्कृति की स्थापना के लिए जागरूक लेखनीवाली लेखिकाएँ।

आज कन्नड़ में अन्तिम प्रकार की लेखिकाओं की पीढ़ी समृद्ध है। आश्चर्य यह होता है कि आज तक लगभग आठ सौ वर्ष पूर्व वचन साहित्य के युग की स्त्रियों ने भी इसी आयाम के काव्य की रचना की है। स्त्री-पुरुष असमानताओं की जड़ परम्परा पर उन्होंने प्रश्न किए हैं :

मिलन के सन्दर्भ में पति-पत्नी,
का अस्तित्व भिन्न हो सकता है,
ज्ञान के सन्दर्भ में भिन्नता कैसी?

—आय्दक्की लक्कम्मा

स्त्री को त्यागकर लिंगाराधना
की बात की जाती है
स्त्री और इष्टलिंग में क्या विरोध है?

—गजेश मसणय्या की पुण्य स्त्री

वास्तविकता और वैचारिकता के स्तर पर स्त्री-पुरुषों की मानव शक्ति की समानता की बात इन कवियों ने की है :

थन चोटी से स्त्री कहलाएगी,
मूँछ और काछ से पुरुष कहलाएगा,
दोनों में स्थित ज्ञान न स्त्री है न पुरुष,
हे नास्तिनाथ!

—गोग्गव्वे

इस साहित्यिक आन्दोलन ने स्त्री में स्वाभिमान, स्वावलम्बन और निडरता का स्वभाव भर दिया था, जो स्त्रीवाद का मूल मंत्र है। अक्कमहादेवी लोकनिन्दा और संघर्षों से नहीं डरती थीं। उसमें स्त्री चिन्तन ने यहाँ तक साहस भर दिया था कि वह कहती हैं :

कल जो आनेवाला होगा, आज आने दो,
आज जो आनेवाला होगा, अब आने दो,
अब-तब न कहो हे चन्नमल्लिकार्जुन!

वे अध्यात्म के चिन्तन में भी बड़ी गहराई से डूब जाती हैं। शिवशरणों के साथ समान रूप से 'शिवयोग चिन्तन' में भाग लेती और लिखती हैं।

आज स्त्रीवाद की स्वस्थ अभिलाषा भी यही है कि स्त्री को इस समाज में व्यक्तित्व विकास के समान अवसर मिलें। उसमें स्वाभिमान एवं स्वावलम्बन हो एवं देश के सामाजिक, सांस्कृतिक, राजकीय-वित्तीय विकास में उसकी सक्रिय भागीदारी हो। इस लक्ष्य को हासिल करने के लिए चिन्तनशील और संघर्षशील स्त्रीवर्ग को विचारवान पुरुषवर्ग के सहयोग से जंग जारी रखना आवश्यक है। जग को अर्थपूर्ण और सक्रिय करने हेतु जहाँ कहीं भी प्रेरणा के प्रकाश-कण हों उसे सहज ही स्वीकार करना सही निर्णय है। विशेषत: जब भारतीय साहित्य-सांस्कृतिक इतिहास में ऐसे सन्दर्भ हैं तो उसे प्रेरणा के रूप में स्वीकार कर लेना चिन्तन के लिए प्रेरणा की असीम धाराएँ हैं।

जब सारा यूरोप सोया हुआ था, अमेरिका में सोलहवीं सदी में अभी गुलामी पद्धति जारी थी, हिन्दी साहित्य के भक्तिकाल में कबीर आदि संत जातिव्यवस्था और अस्पृश्यता का विरोध कर रहे थे, पर उन्होंने भी स्त्री को साधना के मार्ग में बाधक समझा था, वह भी चौदहवीं सदी में। तो वहीं बारहवीं सदी में कन्नड़ में महिलाएँ, विशेषत: श्रमिकवर्ग की महिलाएँ अधिक संख्या में काव्य लिख रही थीं। काव्य का उद्देश्य था सामाजिक हित और स्वस्थ समाज की स्थापना की परिकल्पना। शिवशरणियों के काव्य का आदर्श समाज था, सब प्रकार की समानताओं का समाज, शोषण रहित समाज, स्त्री वर्ग के स्वाभिमान का समाज। वेश्या वर्ग की स्त्री यहाँ काव्य की रचना करती थी, पुरुषवर्ग से प्रश्न करती, साथ-साथ चिन्तनशील पुरुष वर्ग का आदर भी करती थी।

अब मेरे सामने प्रमाण हैं कि हिन्दी में लिखा साहित्य ही भारतीय साहित्य नहीं है। हर भारतीय भाषाओं में लिखा साहित्य भारतीय साहित्य है। हाँ, हिन्दी में आज वह उपलब्ध है तो अधिक पाठकों तक, विशेषत: सभी भारतीय भाषाओं के सन्दर्भ में पढ़ रहे पाठकों तक भी पहुँच पाता है वहाँ के गिने-चुने हिन्दी पाठकों द्वारा।

इसलिए वचन साहित्य की शिवशरणियों की रचना हिन्दी द्वारा भारतीय स्त्री चिन्तन साहित्य का मुख्य पाठ्य हो। जनभाषा कन्नड़ में वचन साहित्य रचा गया। एक भाषा के विकास की चरम सीमा जिसे हम कह सकते हैं, वह यहाँ सम्भव हुआ था। एक वचनकार लिखते हैं, 'करोड़ों वचन लिखकर थक गया जी!' भले ही करोड़ों की संख्या में नहीं पर लाखों की संख्या में वचनों की रचना यहाँ हुई थी। अध्यात्म की सूक्ष्मातिसूक्ष्म और समाजमुखी सहज-सरल विचारों की अभिव्यक्ति की शक्ति इस भाषा को प्राप्त हुई थी। विशेषता यह है कि स्त्रीवर्ग भी समान रूप से इसके लिए कारण था।

स्वस्थ दाम्पत्य स्वस्थ समाज

सती-पती की एकोभाव भक्ति
शिवजी सहर्ष स्वीकार करता है
सती-पती की एकताहीन भक्ति
अमृत में विष डालने के समान होता है
देखो जी हे रामनाथ!

—जेडर दासिमय्य

दो नयनों की भक्ति एक दृष्टि में
देखने की तरह सती-पती एक भक्ति में
देखने से गुहेश्वर को भक्ति स्वीकार है।

—अल्लमप्रभु

सती-पती में एकता का आचार-विचार एवं मनन-चिन्तन सार्वकालिक महत्त्व का दाम्पत्य तत्त्व है। सती-पती यदि विरुद्ध दिशाओं में सोचते और एक-दूसरों का विरोध करते रहते हैं तो परिवार टूट जाता है और अशान्ति एवं असुरक्षा भाव काम करने लगता है। परिवार के सदस्य अपने आपको असुरक्षित समझते हैं। टूटा हुआ परिवार कभी स्वस्थ समाज का निर्माण नहीं कर सकता। वैसा समाज व्यष्टि और समष्टि हित नहीं कर सकता है।

इसीलिए बसवादि शरण-शरणियों ने एक भाव और स्वस्थ परिवार की असीम प्रशंसा की है।

इस लेख के प्रारम्भ में प्रस्तुत जेडर दासिमय्य और शरण श्रेष्ठ अल्लमप्रभु के वचनों की पंक्तियाँ सती-पती एकता की भावनाएँ अभिव्यक्त कर रही हैं।

बारहवीं सदी के वचन साहित्य में अभिव्यक्त बसवादि शरणों की विचारधारा में परिवार और सती-पती जीवनमूल्यों का विवेचन यहाँ किया जा रहा है।

कन्नड़ साहित्य के इतिहास में बारहवीं सदी में विशेष प्रकार का एक साहित्यो-सामाजिक आन्दोलन हुआ। भारतीय इतिहास में इस सन्दर्भ में लगभग सभी निम्न जाति-निम्न वर्ग के लोगों को बोलने-लिखने का अवसर मिला। इस कालीन श्रमिक वर्ग कन्नड़ भाषा में वचन साहित्य की रचना करता है, अध्यात्म और समाजोन्मुखी चिन्तन करता है, अनुभव मंटप-अनुभव चिन्तन मंच- द्वारा विचारों का आदान-प्रदान करता है। इस आन्दोलन में स्त्री को अभिव्यक्ति स्वातंत्र्य मिलता है और लगभग सौ की संख्या में महिलाएँ, जो शिवशरणियाँ कहलाती हैं, काव्य की रचना करती हैं। आज नौ सौ वर्षों के बाद पैंतीस से अधिक शिवशरणियों का वचन साहित्य पाठकों के सामने उपस्थित है। महिलाएँ पुरुष विद्वानों के साथ विद्वत्तापूर्ण आध्यात्मिक चर्चा करती हैं, सामाजिक विकास के चिन्तन में समान रूप से भागीदारी करती हैं। इस सन्दर्भ में महिला शक्तिमूल का विकास चरमसीमा पर पहुँचा था—ऐसा कहने में कोई शंका नहीं होनी चाहिए।

यहाँ विचारशील सती और विचारवान पति के समन्वय से स्वस्थ परिवार की परिकल्पना करते हैं। सभी शिवशवरण-शिवशरणियों ने समानताओं के तत्त्व से सुन्दर दाम्पत्य की अभिव्यक्ति की है। अपने वचनों में सती-पती के अधिकारों को समान रूप से देखते हैं। इनके परिवारों में न पुरुष श्रेष्ठ है और न स्त्री कनिष्ठ है। दोनों में समानता है। लौकिक जीवन में मात्र नहीं अलौकिक आध्यात्मिक जीवन में भी सती-पती समान हैं।

डक्केय बोम्मण्ण नामक एक शरण ने दाम्पत्य में स्त्री-पुरुष दोनों की समानता की अभिव्यक्ति इस प्रकार की है। इनका एक वचन देख सकते हैं—

कहते हैं सती का स्वभाव पति देखता है
क्या सती, पति का स्वभाव देख सकती है?
क्या सती से प्राप्त बीमारी में पति की बुराई नहीं है?
पति से प्राप्त बीमारी में सती की बुराई नहीं है?
दो नयनों में एक की हानि से शरीर की हानि है
इसे समझोगे तो कालांतक भीमेश्वरलिंग को समझ सकोगे।

—डक्केय बोम्मण्ण

यहाँ तात्पर्य यह है कि दाम्पत्य में सती-पती में एक की बुराई दूसरे की भी बुराई है, और एक की अच्छाई में दूसरे की अच्छाई है। इसी तरह दोनों के हित-अहित में ही परिवार का भी हित-अहित निहित है और सन्तान का स्वास्थ्य-अस्वास्थ्य भी पती-सती के स्वास्थ्य-अस्वास्थ्य पर निर्भर करता है। उपरोक्त वचन में प्रारम्भ की दो पंक्तियाँ असमानता की अभिव्यक्ति करती हैं तो

तीसरी-चौथी पंक्तियों में 'समानता' के सूक्ष्म प्रश्न हैं। 'सती' 'पती' शब्द दाम्पत्य सम्बन्धी शब्द हैं। समानता है तो परिवार का पूर्ण विकास है,परिवार के विकास में देश का विकास है। इसे शरण संकुल भली-भाँति जानता था।

शिवशरणों का सोचना था कि हमें अपने परिवारों को परिश्रम प्रेमी करना है, समानता प्रेमी करना है, दया-करुणामयी करना है, सबका सब प्रकार से हित चाहता परिवार करना है। स्वस्थ दाम्पत्य से स्वस्थ परिवार की सदिच्छा थी उनकी।

संन्यास इनका जीवनमूल्य नहीं था। वे परिवार प्रेमी थे। वास्तविकता के स्तर पर आदर्शवान जीवन सुख, और इससे सामाजिक सुख (Social peace) वे चाहते थे। लौकिक-अलौकिक इन दोनों को एक-दूसरे की आपूर्ति के माध्यम मानते थे। ये आगे चलकर कहते हैं कि प्रकृति धर्म के अनुसार दाम्पत्य में रतिसुख भोगने के साथ सात्त्विक मार्ग से जीवन को परिपूर्ण करना है। इसीलिए सती-पती सुख जीवन द्वारा सिद्धि साधना के मार्ग पर चलना श्रेष्ठ दाम्पत्य जीवन है। इस साधना के शिखर पर पहुँचे हुए कई दम्पती वर्ग शिवशरण-शिवशरणियों में उदाहरण हैं।

बसवेश्वर ने अपने एक वचन में कहा है कि रति सुख का संयम व्यक्तित्व विकास में और सामाजिक विकास में बाधा है—

रति संयम करने से
सामने आकर दोष सताते हैं
सामने आकर पंचेन्द्रिय सताते हैं,
क्या सिरियाळ-चंगळे ने
रति सुख त्याग किया था?

क्या सिन्धु बल्लाळ ने
सती-पती रति भोग का त्याग किया था?

—बसवेश्वर

शिवयोगी सिद्धराम ने भी अपने एक वचन में लिखा है : भक्त का मन यदि स्त्री सुख, मिट्टी और स्वर्ण चाहता है तो सत्य मार्ग से प्राप्त कर भोगना चाहिए—

भक्त का मन यदि स्त्री सुख चाहता है
तो विवाह कर स्त्री सुख भोगना चाहिए
भक्त का मन यदि भूमि सुख चाहता है
तो भूमि खरीद कर घर बनाना चाहिए

भक्त का मन यदि स्वर्ण सुख चाहता है
तो परिश्रम कर प्राप्त करना चाहिए।

—सिद्धराम

इनका सोचना है कि दाम्पत्य जीवन में प्रवेश करने के पश्चात् अन्तिम जीवन तक आदर्श दाम्पत्य जीवनयापन करना चाहिए। केदार गुरु लिखते हैं—

सत्य दर्शन के बाद
क्या दाम्पत्य को त्यागना चाहिए?
सत्य दर्शन के बाद
स्वीकृत सती को त्यागने से
अघोर नरक में जाओगे
हे! केदार गुरु देवा!

—केदार गुरु

शरण साहित्य में सद्भाव दाम्पत्य जीवनयापन करते हुए अध्यात्म साधना में सिद्धि प्राप्त कर लिंगांग सामरस्य-सुख के कई सफल उदाहरण हैं। पारिवारिक जीवन द्वारा अध्यात्म साधना से 'लिंग पति-शरण सती' तत्त्व के शिखर पर कई शरणजीवी पहुँच चुके थे।

भारतीय चिन्तन परम्परा में सत्री को पुरुष का आभूषण कहा जाता है, पुरुष के पीछे-पीछे चलने की छाया मानी गई है। पर वचन साहित्य के स्त्री चिन्तन में वह न पुरुष का आभूषण है, न ही पुरुष की छाया। उसका एक अपना अस्तित्व है। इसीलिए परिवार में स्त्री-पुरुष स्वतंत्र होते हुए दोनों एक की गाड़ी के दो पहिया हैं। 'कनक कांचन और मिट्टी' जैसे शब्दों का प्रयोग हमारे यहाँ है। स्त्री भी अपने अस्तित्व पर गर्व करती है, और पुरुष भी स्त्री का आदर करता है। एक शिवशरणी गोग्गव्वे का वचन प्रसिद्ध है—

पुरुष प्रेम से स्त्री को अपनाता है
तो उसे एक का आभूषण कहा जाता है,
स्त्री यदि प्रेम से पुरुष को अपनाती है
तो इसका क्या उत्तर हो सकता है?
इस भेदभाव को मिटाकर देखने से ही नास्तिनाथ परिपूर्ण लगता है जी!

—गोग्गव्वे

यहाँ स्त्री प्रश्न कर रही है कि यदि प्रेम करके पुरुष स्त्री से विवाह करता है तो उसे पुरुष का आभूषण समझते हैं तो यदि स्त्री प्रेम कर पुरुष से विवाह करती

है तो उसे आप क्या कहेंगे? वास्तव में स्त्री-पुरुष इन दोनों में न कोई बड़ा है न कोई छोटा है। कहती है कि दोनों में भेदभाव को त्याग कर दोनों के स्वतंत्र व्यक्तित्व को स्वीकार कर भक्ति करोगे तो सहज ही तुम्हारा देव नास्तिनाथ प्रसन्न होगा। यहाँ स्त्री-पुरुष दोनों की समानता की बात तो कर रही है, साथ-साथ वह स्थापित कर रही है कि स्त्री भी प्रेम कर सकती है एवं अपनी इच्छा के अनुसार पति का चयन कर सकती है। तब परिवार स्तरीय होगा, स्तरीय सन्तान समाज को दे सकेगा। सभी वचनकारों ने सती-पती में असमानता का विरोध किया है और समानता की स्थापना का प्रयास किया है।

वचन संस्कृति में अर्थात् वचन साहित्य में अभिव्यक्त लिंगायत दाम्पत्य में और ऐसे परिवारों में वैज्ञानिक मनोभावना की प्रधानता देखी जा रही है। 'वैज्ञानिक मनोभावना' आधुनिक परिकल्पना होगी, पर इसका सदाशय है वैचारिकता के आधार पर, 'कार्य-करण' तत्त्व के आधार पर जीवन चलना चाहिए। दाम्पत्य-परिवार और सामाजिक जीवन में वास्तविकता, स्वस्थ जीवन भक्ति, जिसमें व्यष्टि-समष्टि हित का आचार-विचार होना चाहिए। अन्धविश्वास और अन्धाचरणों का तिरस्कार होना चाहिए हमारे परिवारों में। अलौकिक और भ्रमात्मक विश्वासों में धर्म के नाम पर आम लोगों का शोषण होता है। शरण संकुल इसका पूर्ण रूप से विरोध करते थे।

सगर बोम्मण्ण का एक वचन स्पष्ट करता है कि सन्तानोत्पत्ति में स्त्री-पुरुष का प्रेम मिलन कारण है, न कि ब्रह्मा का कृपाशीर्वाद। सहज प्रकृति क्रिया में विश्वास करो जी—

पिता मिलन करता है
माता मिलन स्वीकार करती है
दोनों के योग में सन्तानोत्पत्ति है
इसमें ब्रह्मा का कृपाशीर्वाद को स्थान कहाँ?
हे सगर बम्मवर तन-मन संगमेश्वर!

—सगर बोम्मण्ण

अलौकिक शक्ति पर शिवशरण विश्वास नहीं करते बल्कि मनुष्य शक्ति और उसकी क्रियाशीलता पर विश्वास करते हैं। लिंगायत दाम्पत्य और परिवारों में इस वास्तविक विश्वास की प्रधानता है। अन्ध आचार-विचारों के विरोध में अभिव्यक्त एक-दो वचन उदाहरण के लिए देखा जा सकता है—

आँख बन्द कर दर्पण दिखाने की तरह
रात-दिन की नींद पर्याप्त नहीं है?
जपमाला गिन कर परमार्थ प्राप्ति का विचार

क्या एक व्यंग्य नहीं है? कहो न?
नाक बन्द कर मुक्ति चाहनेवाले
बेशर्मों को मैं क्या कहूँ, हे कूडलसंगमदेव!

—बसवेश्वर

इसी दिशा में शरण सोड्डळ बाचरस का एक वचन भी विशेष है—

इस पत्री से यह फल मिलता है
इस फूल से यह फल मिलता है
इस पूजा से यह फल मिलता है
जैसे सोच के ये भक्त कर्मफलापेक्षी हैं
स्वर्ग-नरक पर विश्वास करनेवाले कर्मी हैं
परिश्रम से प्राप्त फल ही
मृडदेव सोड्डळदेव को समर्पण योग्य है
हे बेडगिन शिवपुत्र!

—सोड्डळ बाचरस

आश्चर्य होता है कि मन्दिरों में इतने रुपयों की आरती-पूजा, इस पुष्प से यह फल आदि भ्रमों से भक्तों को लूटा जाता है। सोड्डळ बाचरस का मानना है कि ऐसी भक्ति व्यर्थ है। शुद्ध मार्ग से परिश्रम करके जो फल प्राप्त होता है वही अपने इष्टदेव को समर्पण करने योग्य होता है।

इस प्रकार शरण मार्ग के परिवारों में अन्धानुकरण की पूजा में समय बिताने के स्थान पर सत्य मार्ग का परिश्रम प्रशंसनीय है। इस मार्ग में सत्य शुद्ध कायक (श्रम) की प्रधानता है जो स्वस्थ समाज के लिए अनिवार्य होना चाहिए। यहाँ परिश्रम करने से और बाँटकर खाने की दासो (दासोह) परम्परा से अपने आराध्यदेव को भी छुटकारा नहीं है। गुरु-लिंग-जंगम को भी सत्य-शुद्ध-कायक करना अनिवार्य है। जो समाज परिश्रम प्रेमी होता है, वह समाज शोषणों से मुक्त समाज होता है। श्रमशील सती-पती और परिवार स्वस्थ सामाजिक व्यवस्था का कारण होता है। श्रम संस्कृति (कायक संस्कृति) के कारण से परिवार स्वाभिमान और नीतिवान होते हैं।

वचन साहित्य की शरण परम्परा को विधि, विधिलेख और विधिलीला में विश्वास नहीं है। वैचारिक क्रिया-प्रतिक्रिया, स्वावलम्बन और स्वाभिमान एवं ज्ञानमार्ग शरण साहित्य के परिवारों की विशेषता है। विधिमार्ग का तिरस्कार एवं व्यक्ति शक्ति के स्वीकार को लेकर एक-दो वचन देखे जा सकते हैं—

सुख का कारण विधि, सुख का कारण सिद्धि लेख,
सुख का कारण पुण्य, सुख का कारण कर्म,

कहते हैं ये सिद्धान्ती।
सुख विधि कहते हो पर क्रिया में
इसका सत्यदर्शन होता है
सुख विधि नहीं है,
विधि तो कपिलसिद्ध मल्लिकार्जुन
में मिलन होने में है जी।

—सिद्धरामेश्वर

शरण सिद्धरामेश्वर का कहना है कि सुख विधि, विधिलेख या विधिलीला में नहीं है, पर वह तो अपनी भक्ति अपने आराध्यदेव के सामरस्य में होता है। इसकी अभिव्यक्ति शरण मादारधूळय्य का एक वचन अत्यन्त ही रोचकता से करता है। इनकी भक्ति से सन्तुष्ट परमेश्वर दर्शन देता है तो धूळय्या का कहना है कि मेरे कायक (श्रम) में बाधा मत बनो, उनके पास जाओ जो तेरे दर्शन के लिए तपस्या कर रहे होंगे। मेरे लिए तो कायक ही श्रेष्ठ भक्ति है। एक वचन देखिए जिसमें सत्य शुद्ध कायक की महत्ता पर प्रकाश डाला गया है—

सत्यशुद्ध 'कायक' से कमाकर
धोखाधड़ी के बिना, लौकिक भाव मिटाकर
प्रतिदिन जंगम 'दासोह' करानेवाले,
सद्भक्त के हृदय में स्थिर रहता है।
हमारा कामधूम धूळेश्वर।

—मादार धूळय्या

शरण हड़पद अप्पण्णा ने भी कहा है कि तीर्थ यात्रा या लिंगदर्शन से मुक्ति की बात भ्रम मात्र है—

तीर्थयात्रा और लिंगदर्शन
की यात्रा कर कर्ममुक्ति की बात
करनेवालों पर विश्वास नहीं किया जा सकता है,
इससे अविवेकी तीर्थयात्रा लिंगदर्शन
के गुणगान करनेवालों का मुँह देखा नहीं जाता जी।

—हड़पद अप्पण्णा

आदर्श दाम्पत्य जीवन में सती-पती एकोभाव से इस जीवन को सुखी बनाते हैं। सुख-दुख में दोनों समान रूप से प्रतिभागी हुआ करते हैं। दोनों एक हैं तो जीवन में एकता भाव है, एकता भाव में व्यक्ति, परिवार, समाज और देश शक्तिवान

बनता है। एकता टूटती है तो दोनों की शक्ति कमजोर पड़ती है। श्रेष्ठ दार्शनिक अरिस्टोफेनिस ने कहा है कि तीव्र गति से चक्र में गतिमान गेंद को उसकी शक्ति कमजोर करने के लिए भगवान ने उसे दो भागों में विभाजित किया है, वे दो भाग स्त्री-पुरुष कहलाते हैं, और वे दोनों प्रभाग एक होने के लिए लगातार प्रयास करते रहते हैं। इसे समझ सकोगे तो स्त्री-विमर्श और वचन साहित्य स्पष्ट रूप में समझ में आता है। आधुनिक स्त्री विमर्श कहता है कि जीवन का जितना उत्तरदायित्व पुरुष का होता है उतना ही उत्तरदायित्व स्त्री का भी होता है। और वह इसे भलीभाँति निभाना जानती है। सती-पती भाव में इसी शक्ति का दर्शन वचन साहित्य के सन्दर्भ में अधिक संख्या में सती-पती शिवशरण एवं शिवशरणियों में और उनके वचन साहित्य में देखने को मिलता है। स्त्री विमर्श के कई अध्ययनों से यह स्पष्ट है कि महिला पुरुषों से तीन गुना अधिक काम करती हैं। महान मानव संसाधन की केन्द्र शक्ति महिला की उपेक्षा युग-युगों से हर देश और काल में होती ही आई है। शरण-साहित्य के सन्दर्भ में स्त्री के मानव संसाधन का पूर्ण रूप से सामाजिक विकास के लिए होना एवं परिवारों में सती-पती को सांस्कृतिक विकास के लिए पूर्णरूपेण अवकाश मिलना एक रोचक बात है।

वचन साहित्य के सन्दर्भ में सती-पति दोनों ने समान रूप से आध्यात्मिक, साहित्यिक और सामाजिक चिन्तन में भाग लिया है। सती-पती दोनों ने वचन रूपी काव्य की रचना की है। हमारे अपने आधुनिक युग में भी कई लेखकों की पत्नियाँ पढ़ी-लिखी तो होती हैं, पर साहित्य में उनका योगदान बहुत कम होता है। महिलाओं को लिखने की इच्छा है, प्रारम्भ में एकाध लिखती भी हैं पर पति महाशय से प्रेरणा और सहयोग कम ही मिलता है। सती वर्ग की प्रतिभा का, काव्य सृजन की अभिलाषा का सर्वनाश ही होता है। भारतीय किसी भाषा साहित्य के सन्दर्भ में ऐसे सैकड़ों उदाहरण हैं। पर हम देखते हैं कि वचन साहित्य के सन्दर्भ में सती रूपी महिलाओं ने काव्य की रचना की है। अर्थात् परिवार में पति-पत्नी दोनों मिलकर साहित्य की चर्चा करते हैं, साहित्य सृजन होता है, एक-दूसरों का साहित्य पढ़ते हैं। अनुभव मंटप में, जहाँ काव्य-अध्यात्म-सामाजिक समस्याओं की चर्चा होती थी, सती-पती बड़े उत्साह से और समानता के मानसिक स्तर से भाग लेते थे। परिवार और दाम्पत्य में स्त्री की अस्मिता का आदर था। विश्व के साहित्यिक और सांस्कृतिक इतिहास में ऐसे उदाहरण विरले हैं।

जिस परिवार में पति-पत्नी दोनों साहित्य, संस्कृति, अध्यात्म चिन्तन और समाज सेवा में लगे रहते हों, वैसे परिवारों की नई पीढ़ी को अपने आप जनसंस्कृति की, देशप्रेम की, औरों के सुख-दुख में भाग लेने की दीक्षा मिल जाती है। खलील जिब्रान ने कहा है, कि हमारे बच्चे हमारे अपने नहीं होते, वे देश के होते हैं।

हमारे द्वारा देश को दी गई सम्पत्ति होती है नई पीढ़ी। सुसंस्कृत पीढ़ी का निर्माण शरण संस्कृति के परिवारों में होता था। शरण संस्कृति के सती-पती कवि वर्ग के निर्माण में, कलाकार दार्शनिक वर्ग के निर्माण में लगे रहते हैं। शरण संस्कृति के परिवारों के घर आश्रम जैसे हुआ करते थे, अनुभव मंटप जैसे हुआ करते थे, अनुभाव केन्द्र जैसे हुआ करते थे। वचन साहित्य के घर दार्शनिकों के घरों जैसे होते थे। पत्नी पति को दार्शनिक और नीति पाठ पढ़ाया करती थी। एक उदाहरण दिया जा सकता है। आय्दक्की मारय्या और आय्दक्की लक्कम्मा पति-पत्नी एक आदर्श दाम्पत्य जीवन व्यतीत कर रहे थे। अनुभव मंटप में बसवेश्वर, अल्लमप्रभु, सिद्धराम, चन्नबसवण्णा, मादार चन्नय्या, डोहर कक्कय्या आदि शरण संकुल के चिन्तन-मंथन में भाग लेते रहते थे। आय्दक्की मारय्या एक दिन उस दिन की आवश्यकता से अधिक चावल लाते हैं। पत्नी लक्कम्मा सोचती है कि मेरे पति में यह दुराशाभाव कहाँ से आया। आवश्यकता से अधिक की आशा करना और आवश्यकता से अधिक संग्रह करना। तो सामाजिक अपराध है। पति से कहती है कि आपमें यह दुराशा कहाँ से आई? जाइए चावल जहाँ से लाए हैं, वहीं लौटाइए।

मारय्या पत्नी के इस आदेश का सविनय पालन करते हैं और एक सन्दर्भ में पति आय्दक्की मारय्या शरणों की संगोष्ठी में व्यस्त थे। जब काम का समय हुआ था और संगोष्ठी जारी थी, पत्नी ने कहा, 'जाइए-जाइए कायक (काम) का समय हुआ है। संगोष्ठियों का भी अपना समय होता है, काम करने का अपना समय होता है। काम पर जाने के लिए देरी करना अच्छी बात नहीं है।' मारय्या चुपचाप चले जाते हैं। तात्पर्य यह कि वचनान्दोलन ने समाज में श्रम के प्रति आदरभाव, स्त्री के अस्तित्व को स्वीकार करना एवं आदर करना, इन आदर्शों को आत्मसात् करने का पाठ पढ़ाया था।

इनके दाम्पत्य में समरसता, पारिवारिक और सामाजिक जनवादी वित्तशास्त्र (Social People Economics) का दिग्दर्शन होता है। शरण संस्कृति में सत्यशुद्ध कायक अर्थात् सत्यमार्ग और शुद्ध उद्देश्यों से परिश्रम करने का महत्त्व तो है ही, इसकी अभिव्यक्ति भी है। शुद्धात्मक परिश्रम में एक व्यक्ति या परिवार अथवा समाज अपने को व्यस्त करता है तो अवश्य ही धन की समृद्धि निश्चित है, धनलक्ष्मी भी प्रसन्न होती हैं।

कायक के महत्त्व को अभिव्यक्त करता हुआ आय्दक्की मारय्या का एक वचन है जिसका पूर्ण प्रभाव वचन साहित्य के परिदृश्य पर पड़ा है। कायक संस्कृति और वचन साहित्य के चिन्तन पर जब कभी बात चलती है तो इस वचन का स्मरण किया जाता रहा है। मारय्या कहते और लिखते हैं कि जब तुम परिश्रम में लगे रहे हो तो गुरु-लिंग-जंगम भी यदि तुम्हारे सामने खड़े हों तो उनकी उपेक्षा

करनी चाहिए। तात्पर्य यह है कि पहले काम पूरा करो बाद में दूसरे विचारों की ओर देखो। गुरु-लिंग-जंगम वचन साहित्य और शरण संस्कृति की ही अपनी परिकल्पना है। 'गुरु' का विशेष अर्थ है यहाँ। गुरु तो वो है जो जीवनदर्शन, साहित्य दर्शन और दार्शनिक दर्शन के मार्ग में मार्गदर्शन करता हो। शिष्य के साथ संवाद करता हो। पर इस मार्ग में गुरु अपने जीवनकाल में ही शिष्य के ज्ञान और विचारों का आदर करता है। ज्ञान और साधना-सिद्धियों के मार्ग में शिष्य भी अपने गुरु के समकक्ष में बैठा और चिन्तन प्रस्तुत करता है।

लिंग भी एक परिकल्पना है जो आध्यात्मिक साधना के मार्ग में मन्दिरों के महत्त्व को नकारता है। बसवेश्वर ने तो कहा है कि मेरा शरीर ही देवालय है, पैर ही उसके मीनार हैं तो सिर ही उस मन्दिर का स्वर्ण कलश है। 'लिंग मध्ये जगत सर्वं' की तरह उस लिंग में ही सारा विश्व और जीव जगत् समाया हुआ है, इसलिए उसकी आराधना सर्व जीव-जगत् की आराधना है। वह श्यामवर्ण का लघु अर्ध गोलाकार है जिसे बायें हस्त-हथेली पर रखकर दो नयनों की दृष्टि केन्द्रित कर ध्यान किया जाता है। इससे आध्यात्मिक साधना में मन केन्द्रित होता है, ध्यानस्थ स्थिति प्राप्त होती है। जो इसे अपनाते हैं उनको मन्दिर जाने की आवश्यकता नहीं होती है। 'जंगम' का तात्पर्य है चलनशील-क्रियाशील। जंगम का अर्थ शरण मार्ग में यह 'समाज' जो व्यष्टि-समष्टि हित में सदैव सक्रिय है। गुरु-लिंग-जंगम में 'लिंग' व्यष्टि है, 'जंगम' समष्टि है और गुरु इन सबके समन्वयकार हैं। यहाँ इस वचन में मारय्या का कहना है कि गुरु-लिंग-जंगमों के प्रति हमारे दिल में आदर है पर इससे बढ़कर परिश्रम के प्रति आदर होना आवश्यक है। उनका यह वचन देखिए—

यदि कायक में व्यस्त हो तो
गुरुदर्शन को भी भूल जाना चाहिए
लिंग आराधना भी भूल जाना चाहिए
जंगम सम्मुख होने पर भी चिन्ता नहीं करनी चाहिए
कायक ही कैलास है इसलिए
अमरेश्वरलिंग भी कायक में ही निहित है।

—आय्दक्की मारय्या

परिश्रम करना ही कैलास प्राप्ति के आनन्द के समान है। 'कायक ही कैलास' सूक्ति इस शरण संस्कृति का बीज मंत्र जैसा जनप्रिय हुआ है। पति कायक (परिश्रम) के प्रशंसक हैं तो पत्नी आय्दक्की लक्कम्मा भी कायक के महत्त्व की प्रशंसा करती हैं और कहती हैं कायक से घर-परिवार एवं कायकनिष्ठ समाज धन

सम्पत्ति से समृद्ध होता है। जिनका मन शुद्ध नहीं है वो श्रमजीवी नहीं बन सकता। श्रमजीवी नहीं है तो गरीबी और अभावग्रस्त जीवन व्यतीत करना अनिवार्य हो जाता है। चित्तशुद्धि से कायक करने से चारों ओर लक्ष्मी छा जाती हैं और वह व्यष्टि-समष्टि के विकास का कारण बनता है। लक्कम्मा ने भी इस दिशा में एक वचन की रचना की है। देखिए—

जिसका मन शुद्ध नहीं है
उसे धन की गरीबी होती है
मन की शुद्धि से कायक करने पर
उस सद्भक्त को जिधर देखो उधर
लक्ष्मी अपने आप बहुत कुछ देती है।
मारय्यप्रिय अमरेश्वरलिंग की सेवा करने पर सिद्धि है।

—लक्कम्मा

दाम्पत्य जीवन में सती-पती दोनों का एक विचार होना और विचारों के अनुसार आचरण भी रखना अनिवार्य होता है। इससे परिवार शान्ति समृद्धि से भरा रहता है। ऐसे आदर्श दाम्पत्य के समृद्ध उदाहरण वचन साहित्य की शरण संस्कृति में उपलब्ध हैं।

हड़पद अप्पण्णा और हड़पद लिंगम्मा

बसवण्णा के अत्यन्त समीप के साथियों में हड़पद अप्पण्णा और पत्नी लिंगम्मा माता का नाम प्रमुख है। बसवण्णा की सेवा करना ही इनका काम था, वही कायक था। अप्पण्णा बसव के व्यक्तिगत सचिव माने जाते थे।

अप्पण्णा का व्यक्तित्व विशेष लगता है। ये वेद, आगम शास्त्रों के ज्ञानी थे, आध्यात्मिक साधना के श्रेष्ठ साधक थे, साथ ही साथ व्यावहारिक कुशलता के धनी थे। हड़पद अप्पण्णा और लिंगम्मा माता दोनों ही 'अनुभव मंटप' के सदस्य थे, चर्चा-परिचर्चाओं में भाग लेते थे। श्रेष्ठ अनुभावी और वचन काव्य के रचनाकार थे।

अप्पण्णा का वचनांकित था 'बसवप्रिय कूडल चन्नबसवण्णा' और लिंगम्मा माता का वचनांकित था 'अपण्णा प्रिय चन्नबसवण्णा'। अप्पण्णा जी के 246 वचन मिले हैं तो लिंगम्मा के 114 वचन, एक 'मंत्रगोप्य' और 'एक स्वर वचन' आज हमारे सम्मुख उपलब्ध हैं। सती-पती का इस प्रकार आध्यात्मिक और सामाजिक चिन्तन में समान रूप से साधना करना, साहित्य की रचना में दोनों का प्रतिभाग लेना विश्व के सांस्कृतिक इतिहास में विरल ही है। यहाँ पर सती लिंगम्मा माता की साधना पति से भी अधिक लगती है जो उस भाषा के लिए सांस्कृतिक आनन्द की बात है।

इनके माता-पिता, जन्म स्थान आदि व्यक्तिगत जीवन का विस्तार से परिचय नहीं ही है। भारतीय शरण संत, महापुरुषों के बारे में व्यक्तिगत जीवन परिचय ऐतिहासिक वास्तविकता से कम ही उपलब्ध है। ऐतिहासिकता का विवेक भारतीय जीवनशैली में बहुत कम रहा है। पर इनके वचन साहित्य द्वारा इनके व्यक्तित्व परिचय तक एक पाठक पहुँच सकता है।

इनके वचनों से स्पष्ट होता है कि इनके गुरु 'चन्नमल्लेश्वर' थे। अपने आकर्षक आचार-विचारों से ये शरण संकुल में बड़े आदर के पात्र थे। सभी इनको बड़े प्रेम और आदर से 'निज सुखी अप्पण्णा' एवं 'निज मुक्ते लिंगम्मा' के प्रशंसा नाम से जानते थे। निजसुखी पुरुष की सती निज मुक्ते! विरल दाम्पत्य जोड़ी थी इनकी। कहा जाता है कि ये 'हड़पद' अर्थात् नाई, हज्जाम थे, पर हड़प का अर्थ ताम्बूल

का थैला भी है, इसलिए ये ताम्बूल बेचने का कायक करते रहे होंगे। एक प्रसंग में यह घटना होती है कि जब बसवेश्वर बिज्जळ राजा के दरबार में थे अप्पण्णा वहाँ उनके पास ताम्बूल भेजते हैं। इसे एकाध आलोचकों ने सही माना है।

ये बसवेश्वर की व्यक्तिगत सेवा करने के काम को बहुत बड़ा अवकाश समझते थे, अपने आपको बसव सेवा में रहकर धन्य समझते थे। इनका ऐसा एक वचन भी है—

मेरे सब आचार-विचार
बसवण्णा के लिए समर्पित हैं,
मेरे ज्ञान-अनुभाव
बसवण्णा के लिए समर्पित हैं,
मेरी सर्वाचार सम्पत्ति
बसवण्णा के यहाँ समर्पित है
बसवप्रिय कूडल चन्नबसवण्णा में
निजवासी हुआ मैं।

इस वचन से यह स्पष्ट होता है कि अप्पण्णा बसवेश्वर के प्रति किस प्रकार भक्ति, प्रेम, निष्ठा रखते थे। इनका वचनांकित भी 'बसवप्रिय' शब्द से ही प्रारम्भ होता है।

बसवण्णा और अप्पण्णा के मीठे सम्बन्धों को स्पष्ट करने के तीन प्रमुख प्रसंग माने जाते हैं और ये हैं—

1. अत्यन्त श्रेष्ठतम व्यक्तित्व के अल्लमप्रभु जब श्रेष्ठ शिवयोगी सिद्धरामेश्वर को साथ लेकर बसवेश्वर के घर के सामने प्रथम बार खड़े हो जाते हैं।
2. लोकहित में जब अल्लमप्रभु देशाटन करके वेष बदलकर कल्याण लौट आते हैं।
3. जब बसवेश्वर कूडलसंगम को चले आते हैं और लिंगैक्य होना चाहते हैं। कल्याण में सती नीलांबिका थी और उनको ले आने के लिए अप्पण्णा से विनती करते हैं।

आज अल्लमप्रभु को शरणकालीन श्रेष्ठ शरण माना जाता है। और आलोचकों ने स्वीकार किया है कि अल्लमप्रभु इस सहस्त्रमान की प्रतिभा हैं। इनके वचनों में आध्यात्मिक अनुभाव की अभिव्यक्ति में बड़ी सूक्ष्मता है, और काव्य भाषा की साधना में चरमोन्नति है।

अल्लमप्रभु देश-यात्रा पर निकले थे और कल्याण में बसवेश्वर की समाज सेवा एवं आध्यात्मिक चिन्तन और वचन साहित्य की रचना के बारे में सुना था।

बसव के लोक कल्याण कार्य और शिवयोग के मर्म को जानने के लिए कल्याण भी निकल पड़े। मार्ग में सोन्नलिगे (आज का सोलापुर-महाराष्ट्र) में शिवयोगी सिद्धराम का दर्शन होता है जो लोकहित के लिए बहुत बड़े सरोवर बनाने में व्यस्त थे। सिद्धरामेश्वर के दर्शन और उनकी सामाजिक कार्यनिष्ठा देखकर अल्लमप्रभु को लगता है कि इनको मेरे साथ कल्याण ले चलना चाहिए और वहाँ बसवण्णा अनेक शरणों का दर्शन लाभ देना चाहिए। बसवण्णा के मार्गदर्शन में लिंग शिवयोग की ज्ञानदीक्षा देना चाहिए।

दोनों साथ-साथ चलते हैं और बसवेश्वर के घर के सामने दो ज्योति प्रकाश की तरह खड़े हो जाते हैं। तब बसवण्णा लिंगपूजा में व्यस्त थे। इनको सर्वप्रथम हड़पद अप्पण्णा देखते हैं और इनके प्रकाशमान व्यक्तित्व को पहचानते हैं। उनको लगता है कि हो न हो ये दोनों महापुरुष हैं। इनको स्वागत करने के लिए बसवण्णा जी को बाहर द्वार पर आना चाहिए। पर वे लिंगपूजारत हैं। अप्पण्णा को लगता है कि लिंगपूजा पूरा होने तक प्रतीक्षा करना ठीक नहीं है। अन्दर जाते हैं और बसवेश्वर को सूचना देते हैं कि कोई दो महापुरुष आपके दर्शन के लिए द्वार पर हैं। बसवेश्वर पूजा पूरा होने तक उठना नहीं चाहते हैं, पर प्रतीक्षा करवाना अप्पण्णा नहीं चाहते हैं। बसवेश्वर को कैसे कहें कि वे दो मूर्ति आध्यात्मिक श्रेष्ठता के पुरुष हैं। ये दो मंगल मूर्तियाँ हैं। इनमें एक तो लगता है विस्मय मूर्ति है। उनकी आँखों में सबकी तरह लौकिक सम्बन्धों के लक्षण नहीं हैं। राग-विराग रहित स्वच्छ शुद्ध मुग्धता उनके नयनों की विशेषता है। शरीर की दिव्यता, वाणी में तरलता, आचार-विचारों में परब्रह्म की प्रखरता है। पागलपनरहित पागलपन, विवेकरहित विवेक और इनके यहाँ आने में ही एक विलक्षणता है। कहते हैं, 'इसलिए चलिए और उनका स्वागत कीजिए।' बसवण्णा लिंगांग-सामरस्य के सच्चिदानन्दानुभाव में लीन हैं। कहते हैं, लिंग और जंगम में भेदभाव ठीक है क्या? शरीर भक्त है तो प्राण जंगम है न? इनमें श्रेष्ठ और कनिष्ठता का भाव योग्य नहीं है। इसलिए उनका तुम स्वागत करो और भीतर बिठाओ। बसवण्णा की यह बात अप्पण्णा को ठीक नहीं लगती है, फिर भी बसव की सूचना बड़ी सूक्ष्मता से इन दो महापुरुषों के सामने रखते हैं।

इन दो महात्माओं के बारे में और बसवण्णा की सूचना के बारे में अप्पण्णा के वचन इस प्रकार हैं। दो महापुरुषों के प्रति अप्पण्णा लिखते हैं—

देव देवा, महाप्रसाद,
नयनों में सम्बन्ध भाव नहीं, शरीर में तनाव नहीं,
वाणी में ध्वनि नहीं, चलने में गति नहीं
यह कैसा रहस्य है!
यह कैसा अस्तित्व है जी!

विवेकरहित विवेक है, पागलपनरहित पागलपन है।
बसवप्रिय कूडल चन्नसंगय्या का आगमन
आश्चर्यजनक है, सुनिए जी, हे संगनबसव!

ऐसे महापुरुषों के प्रति बसवण्णा जी का जो सोचना है उसे अपने एक वचन में ऐसा लिखते हैं—

मन के साथ मन एक होकर
शरीर के साथ शरीर एक होकर
प्राण के साथ प्राण समदर्शन
करनेवालों के प्रति कभी
दुराव-छुपाव की बात नहीं होती है,
संग-निस्संग के साधकों के प्रति कभी
आवभगत के आचार की आवश्यकता नहीं होती है जी!
बसवप्रिय कूडल चन्नसंगय्या का शरण
बसवण्णा ने मुझे भेजा है, चलिए जी कृपालु गुरु जी!

मन, शरीर और प्राणों के एकाकार होने पर संग-निस्संग होता है तो कोई किसी को स्वागत करने की आवश्यकता नहीं होती है। बसवण्णा अंग है तो आप जंगम हैं इसलिए आप दोनों एक हैं। ऐसा कहते हुए अप्पण्णा विनती करते हैं कि बसवण्णा पूजा निरत हैं और आपको लेने के लिए मुझे भेजा है। अन्दर चलिए आपका स्वागत करता हूँ।

अल्लमप्रभु का उत्तर है कि—लिंगपूजा द्वैत में है तो बातों में अद्वैत कहोगे तो ठीक नहीं है न? 'मैं' को समझे बिना 'मैं पन' की स्थापना करना अर्थहीन है! ऐसे लोगों के घर में कभी गुहेश्वर लिंग कदम नहीं रखता।

अल्लमप्रभु जी का यह उत्तर अप्पण्णा को आश्चर्य में डालता है। डरते हुए फिर बसवण्णा के पास जाकर उनको जागृत करने के लिए इस प्रकार विनती करते हैं—

अंग का लक्षण लिंग में हानि नहीं
लिंग का लक्षण अंग में हानि नहीं
बातों की माला की मीमांसा क्यों जी?
काय भक्त होने पर भृत्याचार चाहिए,
प्राण जंगम होने पर विवेक चाहिए,
ऐसे भक्ति-ज्ञानहीन कोई भक्त
या शरण नहीं हो सकता है,

बुजुर्गों के आने पर उनके स्वागत
नहीं करनेवालों के घर कभी नहीं जाने
का क्रोध शरण कर रहे हैं, इसलिए
हे संगनबसवण्णा स्वागत कीजिए,
बसवप्रिय कूडल चन्नसंगय्या!

अप्पण्णा की इन बातों से बसव का मन विचलित तो होता है, पर पूजा से उठते नहीं हैं। अप्पण्णा को यह ठीक नहीं लगता और सात्त्विक क्रोध से कहते हैं—

'काय भक्त होने पर भृत्याचार चाहिए न? भृत्याचार का अर्थ है शरणमार्ग में चलनेवालों की सेवा करना भृत्याचार कहलाता है।' इसलिए इस विचार और कर्तव्य की ओर बसवण्णा का ध्यान आकर्षित करते हैं! तब बसवण्णा उठते नहीं हैं और कहते हैं कि "अपने मठ में प्रवेश के लिए रूठने की क्या बात है? मैं तो कूडल संग शरण के घर का द्वारपालक हूँ। उनके घर में आने के लिए मैं हाँ या ना नहीं कर सकता।"

"अपने मठ में प्रवेश के लिए रूठने की क्या बात है?" जैसा वाद अप्पण्णा को ठीक लगा। अल्लमप्रभु के पास जाकर कई रूपों में विनती करते हैं और भीतर चलने को कहते हैं। अल्लम कभी नहीं मानते। अप्पण्णा को अब एक ही मार्ग बचता है कि किसी प्रकार बसवेश्वर को विनती करके स्वागत के लिए तैयार करना चाहिए। 'देखिए, इतने श्रेष्ठ शरण मेरी विनती मानेंगे कैसे? मेरे स्वागत करने से वे न आएँगे। स्तुति से परे वह व्यक्तित्व मेरी सीमा से परे है। आप जाइए और स्वागत कीजिए।' इस वचन में यही भाव है। देखिए—

आप या मैं किसी की सीमा का व्यक्तित्व नहीं देखिए,
नयनों से देखना असम्भव है
स्पर्श से छूना असम्भव है
बात करो वाणी से परे हैं
ठहरते हैं तो परछाईं नहीं,
चलते हैं तो कदमचिन्ह नहीं,
प्रभुदेव जैसे लगते हैं।
बसवप्रिय कूडल चन्नसंगय्या के
शरण चरणों का दर्शन कीजिए जी
हे संगनबसवण्णा!

वाणी मन से परे, इन्द्रिय पकड़ की सीमा से परे सीमातीत प्राय: प्रभुदेव लगते हैं आगे चलकर कहते हैं कि मैं तो शरण संकुल का सेवक हूँ, हड़पिग हूँ मैं। वे दिव्यमूर्ति मेरी प्रार्थना से नहीं आएँगे। आप स्वयं चलिए और स्वागत कीजिए। 'प्रभुदेव जैसे लगते हैं' जैसी वाणी कान में गूँजते ही बसवण्णा जिस माया से घिरे हुए थे, वह परदा हट गया—गलती का अनुभव हुआ और स्वागत के लिए चल पड़े। इसी समय में वहाँ चन्नबसवण्णा, सोड्डळ बाचरस, आदिशरण समूह आ जाते हैं। बसवण्णा अपनी गलती की क्षमा माँगते हैं और सबके साथ स्वागत कर अल्लमप्रभु और सिद्धरामेश्वर को अन्दर ले जाते हैं।

यह प्रसंग हड़पद अप्पण्णा के व्यक्तित्व का प्रमुख अंग है। अप्पण्णा के महान व्यक्तित्व पर यह सन्दर्भ प्रकाश डालता है। बसवण्णा के घर के सामने खड़े महानुभावों में अल्लमप्रभु को पहचानने में अप्पण्णा की आध्यात्मिक निष्ठा, कल्पना शक्ति का विस्तार, व्यावहारिक ज्ञान की नीति का परिचय मिलता है। पूजा के समय बसवण्णा के पूजागृह में प्रवेश करने की अनुमति भी बसवण्णा के साथ अप्पण्णा की आत्मीयता और अन्तरंग-बहिरंग में दोनों के सामीप्य को दर्शाता है। बसवेश्वर को मार्गदर्शन करने की योग्यता भी अप्पण्णा रखते थे।

प्रभुदेव को पहचानने का प्रसंग अप्पण्णा के जीवन में एक बार आता है। अल्लमप्रभु सिद्धरामेश्वर को कल्याण में सब शरणों का परिचय करा के, आध्यात्मिक मार्गदर्शन करते हैं। अल्लम और अन्य शरणों के मार्गदर्शन में सिद्धराम शिवयोगी सिद्धराम बन जाते हैं। सब शरणों को अल्लमप्रभु का मार्गदर्शन मिला। अब लोक-कल्याण के लिए देशभ्रमण करने निकलते हैं। संत शरण साधुओं से चर्चा-परिचर्चा करने हिमालय पहुँच जाते हैं। हिमालय महा तपस्या शिवयोग की अधिक साधना में लग जाते हैं। ध्यानासक्त होकर शून्य सम्पादन के साक्षात्कार से शरण साधक कहलाते हैं।

यहाँ कल्याण में अनुभव मंटप की परिकल्पना को बसवेश्वर के मार्गदर्शन में सब शरण साकार कर रहे थे। शून्य सिंहासन की स्थापना कर उसकी अध्यक्षता के लिए सभी अल्लमप्रभु की प्रतीक्षा कर रहे थे। कल्याण से अल्लम के निर्गमन के बारह वर्ष हो रहे थे। आध्यात्मिक चिन्तन-मंथन, वचन साहित्य की रचना और साहित्य समाज के समन्वय का अनुसंधान आदि के लिए अल्लम के मार्गदर्शन की आवश्यकता सभी महसूस कर रहे थे। कारण बसवेश्वर, चन्नबसवण्णा, सोड्डक बाचरस, मडिवाळ माचय्या सभी ही बड़ी उत्सुकता से अल्लम की प्रतीक्षा कर रहे थे और अल्लम के नहीं आने से चिन्तित भी थे। बसवेश्वर विशेष रूप से बड़ी चिन्ता से अल्लम को देखने के लिए और शून्य सिंहासन पर बिठाने के लिए उत्सुक थे। इनका मानना था कि अनुभव मंटप में स्थापित शून्य सिंहासन की अध्यक्षता के

लिए अल्लमप्रभु मात्र योग्य हैं। सब उपरोक्त शरण अपनी दिव्य दृष्टि से देखकर अल्लम के आगमन की सूचना बसवण्णा को देते हैं। पर बसवण्णा को विश्वास नहीं होता। वे अप्पण्णा से पूछते हैं कि क्या इनका कहना ठीक है शिवानुभावी, महाज्ञानी अप्पण्णा अल्लमप्रभु के आगमन की सूचना इस प्रकार देते हैं, इस दिशा में एक वचन ऐसा है—

अभिलाषा की आपूर्ति होने की तरह
धन भंडार घर को आने की तरह
सुगंध के लिए भ्रमर के आने की तरह
बसवप्रिय कूडल चन्नसंगय्या में
प्रभुदेव का आगमन दिखाई दे रहा है
देखिए जी, हे संगनबसवण्णा!

अब बसवण्णा निश्चिन्त होते हैं। अल्लमप्रभु के स्वागत की तैयारियाँ चलती हैं। अल्लमप्रभु का आगमन हुआ। उनकी स्थिति ऐसी थी कि उनके निकटस्थ को भी पहचानना कठिन होता था। बिखरे बाल, चेहरे पर एकाध चोट, अर्धवस्त्र बिखरे हुए हैं, धूप से शरीर थका हुआ सा। पर आँख अन्धी होगी तो क्या हृदय देख नहीं सकता। बसवेश्वर और साथ अप्पण्णा दोनों ने अल्लम को भलीभाँति पहचाना। ऐसे प्रसंग में भी अप्पण्णा बसव के निकटस्थ आत्मीय शरण लगते हैं।

कुछ दिनों के बाद अल्लमप्रभु को अनुभव मंटप के शून्य सिंहासन सभा की अध्यक्षता के रूप में बिठाया गया। सुरुचि ढंग से और अर्थपूर्ण चर्चाएँ, वचन साहित्य का चिन्तन, महिलाओं और दलित शरणों की समान रूप में भागीदारी से अनुभव मंटप में कार्य चलने लगे। बसवादि शरण गण, हड़पद अप्पण्णा इन्होंने सहर्ष अनुभव मंटप में भाग लिया।

कल्याण में क्रांतिकारी घटनाएँ घटने लगीं। दलित शहरण हरळय्या के बेटे और ब्राह्मण शरण मधुवरस की बेटी के विवाह कार्य अनुभव मंटप में सभी शरण-शरणियों के सम्मुख सम्पन्न हुआ। जातिवादी और जड़ परम्परा के स्वार्थी वर्ग से इसका कठोर विरोध हुआ। राजा बिज्जळ ने राज्य में दंगा न हो इसलिए बसवेश्वर के इन कार्यों का विरोध किया। बसवेश्वर ने सोचा कि जब राजा रूठ जाते हैं तो वहाँ रहना ठीक नहीं है। कल्याण से निकलकर वे कूडलसंगम जाते हैं, जो प्रारम्भ में बसवेश्वर के अध्ययन और साधना का स्थान था। वहाँ कई महीनों तक धर्मोपदेश और जन संस्कृति, वास्तविक समाज सेवा, काव्य के महत्त्व को लेकर लोगों के सम्मुख व्याख्यान करने लगे। अब उनको लगने लगता है कि मेरे अन्तिम दिन आने लगे हैं। कल्याण में पत्नी नीलांबिका थी और अप्पण्णा से विनती करते

हैं कि नीलांबिका जी को ले आइए। अप्पण्णा को आश्चर्य होता है कि सब को छोड़कर नीलांबिका को ही क्यों स्मरण कर रहे हैं। अप्पण्णा ने कहा कि अनुभव मंटप में अल्लमप्रभु ने जो सूचना दी है, क्या आप भूल गए हैं? हम कूडलसंगम, गंगांबिका, अक्कनागम्मा और चन्नबसवण्णा उळवी की ओर जा रहे हैं एवं अन्य सभी अलग-अलग सुरक्षित स्थान की ओर जा रहे हैं।

अन्य शरण-शरणियों को मार्गदर्शन करते हुए नीलांबिका कल्याण में हैं। अन्तर्जातीय विवाह के कारण हरळय्या और मादरस को राजा से कठोरतम दंड दिया गया। कल्याण में क्रांति घटने लगी। इन दुर्घटनाओं के कारण नीलांबिका को ले आने के लिए सूक्ष्ममति और संवेदनशील अप्पण्णा से विनती करते हैं।

अप्पण्णा को लगने लगा कि वास्तम में बसवण्णा अपने अन्तिम दिनों की प्रतीक्षा कर रहे हैं। बसव की विनती लेकर वे कल्याण आते हैं और बसवेश्वर जी के मन की बात नीलम्मा के सम्मुख रखते हैं। नीलम्मा माता की प्रतिक्रिया उनकी वाणी में सुनते हैं—

मैं किसके समीप जाऊँगी
इसकी चिन्ता क्यों करूँ जी, हे बसव,
मैं किसको अपनाऊँगी
इसके भ्रम में क्यों रहूँ जी, हे बसव,
मैं किस अस्तित्व को लेकर
क्यों प्रलाप करूँ, हे बसव,
लिंगानन्द का अनुभावी बसव का
प्रकाश रूप मेरे करतल में है
तो संगय्या की परवाह क्यों करूँ, हे बसव!

यह सुनकर बसवेश्वर के अन्तिम दिनों का विचार सामने रखते हैं। तब माता नीलांबिका जी अक्कनागम्मा, चन्नबसवण्णा और अप्पण्णा की पत्नी लिंगम्मा और अनेक शरणों को साथ लेकर चल पड़ती हैं। तंगडगी गाँव को पहुँचते-पहुँचते रात हो जाती है। श्रावण का महीना था, वर्षा हो रही थी, नदी बेहद भरकर बह रही थी। नदी के उस पार कूडलसंगम है, जहाँ बसव थे। नदी पार नहीं कर सकते हैं, इसलिए रात को तंगडगी में रहना पड़ता है। दूसरे दिन भी देखते हैं कि नदी भरपूर पानी-पानी से दौड़ रही है। गंगांबिका नदी के उस पार का दृश्य सूर्योदय के समय में देखती हैं तो लगता है कि कोई मूर्ति फूलों के बीच दिख रही है, करतल में स्थित लिंग की तरह दिख रही है। ऐसा एक वचन है जिससे बसवण्णा के लिंगैक्य होने का भाव दिखता है—

यह क्या! सीमापार की मूर्ति दिखती है
फूलों के भीतर दिखती नहीं है?
यह क्या! सीमा पार की मूर्ति दिखती है
करतल में लिंग की तरह स्थिति है?
ऐसी मूर्ति देखकर
गंगाप्रिय कूडलसंगम शरण की सती
धन्य हुई, हे चन्नबसवण्णा!

इसे सुनकर नीलांबिका माता भी लिंगैक्य होती है। इससे शरणी लिंगम्मा माता भी अपना जीवनान्त करती है। इस वचन में यही भाव है जो लिंगैक्य होने से पूर्व लिखा हुआ लिंगम्मा का वचन है—

बस, लोक सम्बन्ध टूट गया;
तन का मोह टूटा, मन चेतनाहीन हुआ
वाणी गूँगी है; महानता में लीन है,
प्रकाश एकाकार हुआ है,
शून्य में लीन होकर सुखी हुई जी
अप्पण्णाप्रिय चन्नबसवण्णा।

यहाँ तंगडगी में हड़पद अप्पण्णा और हड़पद लिंगम्मा का लिंगैक्य होना और वहाँ कहा जाता है आज भी अप्पण्णा, नीलम्मा और लिंगम्मा की समाधियाँ हैं। लोग आदर और भक्ति भाव से आज भी उनका स्मरण करते हैं।

लिंगम्मा

शिवशरण-शरणियों में हड़पद लिंगम्मा का विशेष स्थान है। वह पति की साधना के मार्ग में गुरु के समान थी। भाषा की प्रतिभा, आध्यात्मिक चिन्तन की भावतीव्रता, व्यष्टि-समष्टि की सुन्दर समन्वयता, विनय और आचार-विचारों की एकता इनके व्यक्तित्व की विशेषता थी। अप्पण्णा और लिंगम्मा का दाम्पत्य आदर्श सती-पती भाव से भरा हुआ था।

एक सरल मध्यवर्ग में लिंगम्मा का जन्म हुआ था। आने वाले दिनों में शरण श्रेष्ठों के सत्संग में उनके व्यक्तित्व में आध्यात्मिक साधना की चरमोन्नति दिखाई देती है। इसे वह भलीभाँति जानती हैं। एक वचन में उन्होंने स्पष्ट भी किया है कि 'मेरा जन्म तो कनिष्ठ में हुआ है, पर श्रेष्ठों के सम्पर्क में उत्तमोत्तम जीवन मुझे मिला है। इसी से मैं ज्ञान प्रकाश में विकसित हुई हूँ। लिंगम्मा के माता-पिता बाल्यकाल

में उनका विवाह करते हैं। कहती है, 'ओ जी, मैं इस मर्त्यलोक में जन्म लेकर कष्टजीवी बन गई। इन कष्टों से मुक्त होने के लिए और सांस्कृतिक विकास के लिए सती-पती दोनों गुरु से लिंगदीक्षा लेते हैं और शरण मार्ग में अग्रसर होते हैं। लिंग धारण कर शिवयोग की साधना में लिंगांग सामरस्य के सत्-चित्-आनन्द की प्राप्ति के साधन बनते हैं। लिंगम्मा ने अपनी अनुभाव साधना को अपने वचनों में अत्यन्त ही प्रतिभापूर्ण काव्यात्मक रीति से अभिव्यक्ति दी है। एक वचन में लिखती है—

पक गया पर्वत, फुनगी बाँस में निकली
निरख चारों ओर मन मुक्त हुआ,
तम दूर हुआ, चित्त बुद्धि मन एकाकार हुए,
जग कर जब देखा, आलोक ही आलोक दिखा;
तम का कहीं नाम न था जी
अप्पण्णाप्रिय चन्नबसवण्णा।

बारहवीं सदी के वचन साहित्य ने भारतीय साहित्य और दर्शन के इतिहास में सबसे पहली बार स्त्री को अभिव्यक्ति स्वातंत्र्य दिया था। शिक्षण की सुविधा जिस व्यक्ति या समाज को मिलती है उसके व्यक्तित्व का सर्वे-सर्वा विकास निश्चित है। वचन साहित्य के सन्दर्भ में स्त्री को पढ़ने-लिखने, बोलने, परिसंवाद करने का पूर्ण सुअवसर मिला था। कारणवश स्त्री के व्यक्तित्व का पूर्ण विकास यहाँ देखने को मिलता है। स्त्री-मानव संसाधन का चरम विकास और उपयोग यहाँ हुआ है। जिसका उदाहरण वचन साहित्य कालीन शिवशरणियाँ अक्कमहादेवी, सत्यक्क, मोळिगे महादेवी, नीलम्मा, लिंगम्मा, सूळे संकव्वे आदि हमारे सम्मुख अध्ययन के लिए उपस्थित हैं। लगभग पैंतीस से अधिक महिला वचनकार्तियों का विस्तृत वचन साहित्य आज उपलब्ध है। सहज ही लगता है कि सैकड़ों महिलाओं ने वचन काव्य की रचना की होगी।

यह विचार हड़पद अप्पण्णा की सती शरणी हड़पद लिंगम्मा का अध्ययन करते समय स्मृति में लाने की आवश्यकता लगती है। लिंगम्मा अत्यन्त उपेक्षित जाति में जन्म लेती है और उसमें यह विवेक है कि ज्ञानियों के सत्संग से उसका व्यक्तित्व प्रकाशमान है।

लिंगम्मा ने काव्य सृजन में उपमा, रूपकात्मकता, शब्दचित्र और शब्द एवं अर्थों में चमत्कार का प्रकाश सृजनशीलता की प्रतिभा का परिचय दिया है। लिंगम्मा की काव्यशक्ति से पाठक आश्चर्यचकित हो जाता है।

लिंगम्मा का सोचना और कहना है कि मनुष्य जीवन के सुख-दुख, शान्ति अशान्ति आदि प्रत्येक भावनात्मक संचलता में मन का प्रमुख स्थान होता है। इस

लोकचेष्टा का कारण सूरज ही बीज की तरह है, पंचेन्द्रियों की चेष्टाओं का कारण मन ही बीज की तरह होता है। इसलिए मन को संयत और शुद्ध रखने के लिए सत्संग की आवश्यकता है। मन के सत्संग संस्कार से निश्चल शान्त जल की तरह, मेघरहित सूरज की तरह, स्वच्छ दर्पण की तरह, मन निर्मल होता है तो आराध्यदेव का दर्शन सम्भव है, चित्तशुद्धि की साधना सम्भव है। यही लिंगम्मा के उपदेश का सार हुआ करता था। मन को निर्मल करने और चित्तशुद्धि की साधना को लेकर लिंगम्मा का एक वचन बहुत ही रोचक है। इस वचन में मानव देह को एक उदाहरण के रूप में केन्द्र में रखकर दार्शनिक अभिव्यक्ति का स्वरूप प्रतिभापूर्ण है, देखें—

उजड़ी एक बस्ती में मैं चली गई
पीछा किया था मेरा पीछा किया था
भालू-बाघों ने मेरा रास्ता रोक लिया था
भय खा कर जब मैंने पत्थर उठाया था,
कुत्ते सब भाग खड़े हुए
भालू-बाघ वहीं कहीं छिप गए।
बस्ती अब निर्मल बन गई
निर्मल बस्ती में जब जाकर देखा
देखने की दृष्टि, बस्ती का राजा
वह बस्ती सब एकाकार हुए
उस एकाकार को देखकर
मेरा द्वन्द्व मिट गया जी
आपके सत्संग सुख सुखी हुआ जी
हे अप्पण्णाप्रिय चन्नबसवण्णा!

इसमें लिंगम्मा कह रही है कि मैं एक गाँव गई, वह गाँव उजड़ा हुआ था। अन्तरंग में अशुद्ध था, मूल्यहीन गाँव, गाँव में प्रवेश करते ही कुत्ते पीछे भागने लगे। (पाँच कुत्ते पंचेन्द्रिय)। इनकी चंचलता का पीछा करने लगे भालू और बाघ। इन्हें देखकर मैंने हाथ में पत्थर उठाया और कुत्ते भाग निकले एवं बाघ-भालू वहीं कहीं विलीन हो गए, गाँव निर्मल हुआ, निर्मल गाँव में प्रवेश कर देखती हूँ—वह दृष्टि, गाँव का राजा, सब एकाकार हो जाते हैं। उस एकाकार होने की ऐक्यता रूप देखकर मेरा द्वन्द्व मिट गया और आपके सत्संग सुख में मैं सुखी हुई, हे अप्पणप्रिय चन्नबसवण्णा।

इस वचन में देह को एक गाँव के रूप में देखकर लिंगांग सामरस्य के शिवयोग की अभिव्यक्ति अत्यन्त ही काव्यात्मक ढंग से की गई है।

पंचेन्द्रियों की चंचलता की वजह से, उसकी संयमहीनता की वजह से सारा व्यक्तित्व ही चंचल और मलीन हुआ था। संयम की साधना के लिए पंचेन्द्रिय रूपी कुत्तों को भगाने के लिए पत्थर उठाती है तो कुत्ते भाग जाते हैं। अष्ट मद रूपी भालू-बाघ रास्ते रोकते हैं। पंचेन्द्रिय और अष्ट मद से मुक्त होने के लिए इष्टलिंग धारण कर शिवयोग की साधना में लगते ही मन और देह रूपी गाँव निर्मल हुआ। चंचल चपलता और अष्टमदों के उत्पीड़न से मुक्ति हुई और इससे सत्-चित्-आनन्द की प्राप्ति हुई। प्रकाश का साक्षात्कार हुआ, द्वन्द्व मिट गया। प्रकाश में प्रकाश एक होने की तरह मन सदानन्दमय हुआ। लिंगांग सामरस्य में शिवसंग सुख ही सुख प्राप्त हुआ।

लिंगम्मा मानती है कि उसका जन्म उपेक्षित वर्ग में हुआ था, पर शरण जनों के सत्संग से आध्यात्मिक साधना, काव्य की सिद्धि से लिंगम्मा का व्यक्तित्व बुलंदी को छूता है। इस वचन में लिंगम्मा की काव्याभिव्यक्ति का विकास चरमोन्नति को छूने का उदाहरण मिलता है जो बारहवीं सदी के वचन साहित्यान्दोलन की सफलता का विरला उदाहरण है। उपमालंकार से सुशोभित काव्य के ऐसे कई सन्दर्भ लिंगम्मा की वचन रचना में उपलब्ध हैं।

आध्यात्मिक साधना और उसकी काव्यात्मक अभिव्यक्ति में इस सन्दर्भ में महिला काव्याध्ययन बेजोड़ अनुभव देता है। अनुभव और अनुभाव की प्राप्ति और उसकी अभिव्यक्ति के आश्चर्य से आमने-सामने होने के लिए अभी कुछेक वचनों को देखना सदभिरुचि का प्रसंग हो सकता है। एक वचन देखते हैं, जिसमें शिवयोग साधना से बन्धन मुक्त होने की सुस्पष्ट चित्र है—

स्वामी, मैं जिन भवान्तरों में आई
आपने पार कराया, उसे न समझ सकी
आँखों को दर्पण दिखाने पर भी
मैं आप को न देख सकी।
इसलिए, आप मन के लिए
प्राण रूप में आए,
तन के लिए साकार होकर दिखाई पड़े,
आपकी पहचान मिलते ही मेरा तन
गल गया, मन आपमें लीन हो गया।
मेरा मृत्यु भय दूर हो गया,
मेरा कायागुण नष्ट हो गया,
इन्द्रिय गुण भस्म हो गया,

भाव नष्ट हो गया
इच्छाएँ सत्वहीन होती गईं।
महादेव शरण चन्नमल्लेश्वर के चरणों में पड़कर
मैं निज मुक्त हो गई
हे अप्पण्णाप्रिय चन्नबसवण्णा!

शरणों के संग से शिवयोग की साधना में विकास और अरिषड्वर्गों को जीतकर लिंगांग सामरस्य की सिद्धि हाथ को लगने पर स्वर्ग-नरक, सुर लोक-असुर लोक की भ्रमात्मक जिज्ञासा में पड़ना व्यर्थ है। यह वचन इस द्वन्द्व से मुक्त होकर लिंगांग सामरस्य मात्र के महत्त्व को सामने रखता है—

कैलास-मर्त्य लोक कहते हैं
कैलास क्या है? मर्त्यलोक क्या है?
वहाँ की चाल भी एक ही है
यहाँ की चाल भी एक ही है
यहाँ की बोल भी एक है, देखो जी।
कैलास के लोगों को देवता कहते हैं
मर्त्यलोकवालों को महागण कहते हैं
सुरलोक में सहस्त्रों वर्षों तक
नहीं मिटते कहते हैं
नर लोक में मर मर कर
जन्म लेते कहते हैं
इसे देख हमारे शरणों ने
सुरलोक और नर लोक को तृण समान मान कर
भव संसार पार करके
अपने अपने जन्म के बारे में जान कर
महा प्रकाश में समा कर,
उस प्रकाश में निराकार होकर
लीन हो गए, अपप्णा प्रिय चन्नबसवण्णा।

वचन साहित्य आन्दोलन की ही यह विशेषता रही है कि स्वर्ग-नरक जैसे भ्रम को तोड़कर वास्तविक इस जीवन में व्यष्टि-समष्टि के हित में आचार-विचार लेकर चलना ही स्वस्थ समाज का कारण बन सकता है। इसी का चिन्तन लिंगम्मा इस वचन में व्यक्त कर रही हैं। तन मन की अस्वस्थ गुणों को दूर कर स्वस्थ तन-मन

के लिए अंग गुण दूर कर लिंग गुणों के साक्षात्कार से महादेव बनना जीवन का उद्देश्य हो—यह लिंगम्मा चाहती है। महादेव शिवमय हैं, 'शिव' का तात्पर्य ही कल्याण है, लोकहित है, 'शिवमय समाज' अर्थात् Welfare Society शरणान्दोलन का लक्ष्य था। इस वचन में यही भाव है—

तन भाव पिघला कर
भटकते मन को स्थिर कर
अंग गुण मिटा कर, लिंग गुण स्थिर कर,
भाव मिटा कर, इच्छाएँ नष्ट कर
महादेव बने शरणों को
जग के मानव कैसे जानेंगे,
अप्पण्णाप्रिय चन्नबसवण्णा?

सौ से अधिक हड़पद लिंगम्मा के वचनों में नीतिगुण, स्वस्थ व्यक्ति और समाज की परिकल्पना, शिवयोग दर्शन के विविध आयामों की अभिव्यक्ति अत्यन्त ही काव्यात्मक और स्तरीय भाषा में अभिव्यक्त हुई। यह कन्नड़ भाषा और काव्य परम्परा को सशक्त करने में स्त्री कुल की बहुत बड़ी देन समझना चाहिए।

इससे स्पष्ट है कि हड़पद अप्पण्णा और लिंगम्मा की दाम्पत्य जोड़ी शरण संकुल में सबके आदर का केन्द्र थी। यह शिवानुभावी दाम्पत्य जोड़ी थी, वचन काव्य की प्रतिभापूर्ण दाम्पत्य जोड़ी थी, सर्वे-सर्वा आदर्श जोड़ी थी।

हड़पद अप्पण्णा और लिंगम्मा के वचन

हड़पद अप्पण्णा के वचन

सभी कहते हैं अंग पर लिंग धारण करनेवाले सब समान हैं
लिंग लांछन धारी सब शरण के समान होंगे क्या?
शरण का संग ऐसा है कि
परम ज्ञान की ज्वाला पहने, उसी ज्वाला को ही धारण करके
उसी ज्वाला का सेवन करके
ज्वाला को बिछाकर, उसी ज्वाला को ही ओढ़कर
शून्य बने शरण और नर समान बनेंगे क्या?
सिंह और हाथी समान होंगे क्या?
विषैला साँप और साधारण साँप समान होंगे क्या?
सुगन्ध पत्र और घास समान होंगे क्या?
इस प्रकार शून्य बने शरण और मर्त्यलोक के नर रूपी बकरे को
समान है कहने से
भारी नरक में डालेगा, कहते हमारे बसवप्रिय कूडल चन्नबसवण्णा॥ 1॥

खाना परोसने से क्या हुआ? सोना देने से क्या हुआ?
कन्या देने से क्या हुआ? भूमि देने से क्या हुआ?
कहते हैं पुण्य भाजन हुए।
उनके देने के लिए उनसे बनी वस्तु क्या?
इसमें पुण्य किसे कहना, पाप किसे कहना?
नदी के जल को नदी को ही अर्पित करके,
स्वयं पुण्य पाने की बात कहने वाले बेचारे ब्राह्मण की तरह
सत् अमल शाश्वत महाघन लिंग को बिना जाने
ये सब करने पर भी अन्त में निष्फल होते, कहेंगे
हमारे बसवप्रिय कूडल चन्नबसवण्णा॥ 2॥

भैय्या, आपके शरण वेष धारण करके खाना माँगते नहीं,
देश भ्रमण कर, सीखी गई बात बोलते नहीं,
भला बोलते हैं, जीते हैं आशा रहित होकर, रोष के बिना बोलते।
हर्ष के बिना सुनेंगे, विरस के बिना साथ रहेंगे,
जहाँ सरसता है वहाँ रहेंगे,
ऐसे निर्लिप्त निजैक्य का नमन करूँगा मैं
बसवप्रिय कूडल चन्नबसवण्णा,
परन्तु ऐसे शरण का स्वरूप मैं क्या जानूँ? ॥ 3 ॥

जनम लेने वाले सारे मनुज,
पेट की चिन्ता में, भूख से तड़पते हुए,
पेट के लिए ही क्रोध का शिकार हुए।
पेट भरने के लिए कितने कष्ट उठाए!
अपने आए पथ से अनभिज्ञ होने से सारा लोक बिगड़ा
जाने दे वह बात, उन शरणों का कहना है कि
खाने की परवाह न करते हुए
पेट की चिन्ता रूपी थोथा उड़ाकर
वहाँ के साररूपी प्रसाद को ही खाना समझकर
आपको छूकर आपमें गाढ़ता के समरस में शून्य हुए
बसवप्रिय कूडल चन्नबसवण्णा ॥ 4 ॥

आकाश छूनेवाले के लिए सीढ़ियों का ऋण क्यों?
मन को एकाग्रता से स्थिर करने के लिए दूसरा साकार क्यों है?
चाहने और न चाहने की भिन्नता न मिटाने वाले को
इहलोक का ऋण क्यों?
यह सतर्कता आप में ऐक्य होने वाले शरण के बिना
लोक के मानवों के लिए है क्या?
आपका स्वरूप जानना चाहिए, बसवप्रिय कूडल चन्नबसवण्णा ॥ 5 ॥

हो रहे हैं उदय, मध्याह्न, अस्तमान,
बीत रहे हैं दिन, वार, मास, संवत्सर
मर रही है आयु की भाषा
इसका अर्थ शीघ्र समझकर निष्पत्ति हो तो
वही बसवप्रिय कूडल चन्नबसवण्णा ॥ 6 ॥

आचार के ज्ञान की परवाह न करने पर
अंग पर लिंग धारण करने का क्या प्रयोजन?
अन्धे के हाथ में दर्पण के समान
बाँझ गाय का बछड़ा पैदा होने के समान,
अन्धे को आँखों का दर्द सताने के समान,
अन्धी को सन्तान होने के समान,
कंजूस के घर के स्वर्ण के समान,
इनके जो भी करें तो क्या हुआ?
अपनी हानि-वृद्धि जाने बिना
काल, कामादियों के मुँह में फँसकर
चबाचबाकर खाने का आहार बने,
हे मेरे देव बसवप्रिय कूडल चन्नबसवण्णा! ॥ 7 ॥

कुछ समय क्रीड़ा में बिताकर, कुछ समय भोग में बिताकर,
कुछ समय देखने में बिताकर,
भोजन के समय लिंग में ध्यान की बात कहता है कोई
भोजन, कर्म और संग साधने में कष्ट का अनुभव
होने की बात करने वाला और कोई
इन दोनों की दृष्टि-प्रेम में फँसे बिना पार हुआ
हमारे बसवप्रिय कूडल चन्नबसवण्णा ॥ 8 ॥

ये महाघनतत्त्व स्थिर हुए
शरण का स्वरूप कैसे वर्णन करूँ?
पृथ्वी से पृथ्वी का मिलन, पानी से पानी का मिलन,
अग्नि से अग्नि का मिलन, वायु से वायु का मिलन,
आकाश से आकाश का मिलन, ये सारे पंचतत्त्व अलग-अलग होकर
दुविधा में डालनेवाले मन की वृत्ति मिटकर
कर्म की झंझट से मुक्त होने वाले निश्चिन्त निजैक्य को
नमो नमो कहूँगा।
हे बसवप्रिय कूडल चन्नबसवण्णा! ॥ 9 ॥

नटों के समान गहने धारण करने से क्या हुआ?
वेश्याओं के समान देना स्वीकारने से हुआ क्या?
बहुरूपी के समान ये सब करने से क्या हुआ?

हमारे शरणों का संग जो नहीं करते
उनके वेष धारण करने से या नहीं करने से क्या हुआ
बसवप्रिय कूडल चन्नबसवण्णा॥ 10॥

सँभालना चाहिए मन को, रौंदना चाहिए मद को
जलाकर भस्म करना चाहिए सात व्यसनों को
संसार रूपी पालना तोड़कर,
रस्सी फाड़कर शून्य में स्थिर रहना हो तो।
वही बसवप्रिय कूडल चन्नबसवण्णा॥ 11॥

किसी को मत सताना, मत माँगना मानवों से
झूठ मत बोलना, मत देखना परस्त्रियों को
गम्भीर लिंगारूढ़ है, बसवप्रिय कूडल चन्नबसवण्णा॥ 12॥

कीट-भौंरों को लगातार ध्यान करने से
उसी क्षण वे भौंरा बनेंगे।
अगम्य शरण के पाद ही घोंसला रूपी मन्दिर है
उसमें ध्यान लगावे, तो वही बसवप्रिय कूडल चन्नबसवण्णा॥ 13॥

जंगम-जंगम बोलते हुए
लोक ऋण में पड़ना नहीं चाहिए,
जगत कर्ता को हाथ में धारण करके
लोगों के द्वार पर इंतजार नहीं करना,
जंगम को ऐसा होना चाहिए कि
अपने में विश्वास रखे हुए सज्जन सद्भक्तों के
यहाँ लिंग रूप में जाकर
अपने साक्षात्कार किए हुए लिंगांग को वहाँ पर ही निक्षेप करके
स्वयं निर्गमन कर सके तो वही जंगम लिंग है।
इस प्रकार न होकर हर किसी को सताकर, माँगते हुए
देने पर प्रशंसा करते, नहीं देने से गालियाँ देकर
उनसे भर्त्सना सुनते, पीड़ा उठाते हुए जलते हुए
उद्वेग में पड़े मूर्खों को कैसे जंगम कह सकते हैं?
हे बसवप्रिय कूडल चन्नबसवण्णा!॥ 14॥

जगत्-सा विशाल, आकाश-सा विशाल,
पाद पाताल से परे
मुकुट ब्रह्मांड से भी परे,
विश्व ब्रह्मांड को, अपने पेट में निक्षेप किए हुए देव
अब अपना देव है।
उस देव में मैं समा गया हूँ, मुझमें वह देव समा गया है।
ऐसे देव पर विश्वास करके, अहं खोकर शून्य हुआ।
ऐसे देव को जाने बिना
सारा जग पत्थर का देव, मिट्टी का देव, पेड़ का देव
कहते हुए स्वर्ग, मर्त्य, पाताल वाले इनकी पूजा करते हुए भ्रष्ट हुए
मेरे देव को समझकर इन्होंने पूजा नहीं की, अर्चना नहीं की,
उसकी भावना नहीं की,
इसलिए किसी भी लोक वाले क्यों न हो
मेरे देव को जान ले तो भव भी नहीं, बन्धन भी नहीं।
दृढ़ विश्वास करो, हमारे बसवप्रिय कूडल चन्नबसवण्णा में॥ 15॥

तन की इच्छा से शील-नियम आदि करते हैं लाखों-लाखों लोग।
मन की इच्छा से शील संयम नियम करते विरले ही देखो,
तन का ज्ञान मन की क्रिया दोनों एक होकर धन का लोभ त्यागकर
मन की महत्ता में स्थिर होना ही शील सम्बन्ध है।
ऐसा शील न रखते दुश्शीलों को मुझे एक बार भी नहीं दिखाना,
बसवप्रिय कूडल चन्नबसवण्णा॥ 16॥

अपने आपको समझने वाले ऐसा रहेंगे कि
दर्पण को दर्पण दिखाने जैसा।
आँखों से देख लिया तो मन में भर जाते हैं।
शुद्ध सोने को फिर से शुद्ध की तरह है।
उसे रहने दो, उससे परे घन व्यक्तित्व अगम्य हुआ।
इसे जानना सम्भव नहीं,
और जो स्वयं को नहीं जानते वे ऐसे रहेंगे कि सुनिए,
सोने का रंग लगा हो ऐसे हैं देखो,
बसवप्रिय कूडल चन्नबसवण्णा॥ 17॥

अपने आपको न समझते, अपने आपको न निरखते,
अपने आपको न बोलते
दूसरों के बारे में बोलने वाले कुत्तों को
गुरु नहीं, लिंग नहीं, जंगम नहीं,
पादोदक नहीं, प्रसाद नहीं,
वह सर्वापराधी है, उसका मुख देखा नहीं जाता
बसवप्रिय कूडल चन्नबसवण्णा॥ 18॥

तीर्थ यात्रा और लिंग दर्शन के लिए जाकर
कर्म कटने की बात करनेवाले दुष्टों की बात सुनी नहीं जाती
तीर्थ कौन सा, यात्रा कौन सी, लिंग क्या है
जानते हैं क्या, तो आप ही बताइए।
महाघन गुरुपादतीर्थ से भी श्रेष्ठ तीर्थ है क्या?
जगत्पावन जंगम दर्शन से भी अलग यात्रा है क्या?
इसके समझने के बाद
अपने अंग पर धरे लिंग को छोड़कर अन्य लिंग है क्या?
इस बात को जाने बिना और भी तीर्थ यात्रा,
लिंग दर्शन करने की बात करनेवाले
अंगहीनों का मुख देखा नहीं जाता।
बसवप्रिय कूडल चन्नबसवण्णा॥ 19॥

बोलें तो गुरु होकर बोलना चाहिए,
व्यवहार करें तो दैवी स्वरूप में व्यवहार करना चाहिए,
बैठें तो लिंग होकर बैठना चाहिए,
रहें तो जंगम बनकर रहना चाहिए।
इन चारों में सामरस्य साधना जो न जानते हैं।
वे जितने भी दिन रहें, क्या प्रयोजन
बसवप्रिय कूडल चन्नबसवण्णा?॥ 20॥

बोलने से क्या हुआ भैय्या सद्व्यवहार न हो तो?
सद्व्यवहार से भी क्या, मधुर वचन न हो तो?
ये व्यवहार और सद्वचन जानकर तादात्म्य बने,
आप मड़ स्वरूप बने शरणों के चरणों का नमस्कार करके मैं धन्य हुआ
बसवप्रिय कूडल चन्नबसवण्णा॥ 21॥

पुरातन पुरातन कहते हुए
पुराणों की कथाएँ सीखकर
नगर की वीथियों में व्यापारियों की तरह बातों की दुकान लगाकर
बेचनेवाले भैय्या आप सुनिए तो
जो पुरातन हुए उनकी बात करने से बचा क्या
आज आए हुए आपको आज के शरणों की बात समझे बिना?
तब के पुरातन और आज के शरण सब एक ही समझने वाले
भक्तों का आचरण दिखाकर मुझे धन्य करो,
बसवप्रिय कूडल चन्नबसवण्णा॥ 22॥

भक्त को ऐसा होना कि
नि:शब्द पेड़ के जैसे
शिशु द्वारा देखे हुए स्वप्न जैसे
शोरगुल से विमुख मृग जैसे
माँ से बिछुड़े बछड़े जैसे
त्रिकाल में भी लिंग का ही ध्यान करने वाले
शरणों को मुझे एक बार दिखाओ हे शिव,
बसवप्रिय कूडल चन्नबसवण्णा॥ 23॥

भक्त का एक कुल, भवि का अलग कुल कहते हैं।
कैसे रहेगा भक्त, कैसे रहेगा भवि, इसे कोई नहीं जानते,
इसे जानने वाले समझ लो
भक्त माने लिंग, भवि माने अंग,
इन दोनों के सम्बन्ध की रीति जान लो तो
वही हमारे बसवप्रिय कूडल चन्नबसवण्णा॥ 24॥

भक्ति की कहनेवाले, वे सब भाग्यवान् हैं।
मुक्ति साधक तकलीफ में पड़ गए।
तत्त्व को जान लिए कहनेवाले सब तार्किक बने।
विरक्तिपायी कहनेवाले विरागी बने।
इन चतुर्विधाओं में कोई रीति नहीं,
हमारे बसवप्रिय कूडल चन्नबसवण्णा के प्रति
शरणों की रीति ही अलग है॥ 25॥

महाघन में स्थित शरण का स्वरूप ऐसा है कि
भूमि में छिपी निधि के जैसे, तिल में छिपे तेल जैसे,
मेघ में छिपी बिजली जैसे, पानी में छिपी आग जैसे,
काष्ठ के भीतर आग जैसी, तृण में छिपे चैतन्य जैसे
इस विश्व में स्थित होकर भी नहीं होने जैसे
लगने वाले महाघन को
आपके शरण जानते हैं, वरन्
मर्त्य, मरण बाधाओं के शिकार हुए मनुष्य कैसे जान सकते?
बसवप्रिय कूडल चन्नबसवण्णा॥ 26॥

बातें करना जो जानता है उसे वादविकार से क्या लेना-देना?
नित्यत्व जो जानता है, उसे तीर्थ से क्या लेना-देना?
परमार्थ को जो जानता है, उसे प्रसाद से क्या लेना-देना?
ज्योति को जो जानता है, उससे क्या प्रयोजन?
लोक को जो जानता है, उसे व्याकुल का ऋण क्यों?
इन रीतियों को जो जानता है उसे भविष्य से क्या लेने-देना।
बसवप्रिय कूडल चन्नबसवण्णा? ॥ 27॥

लिंग नयनों से देखते हुए, लिंग जिह्वा से बोलते हुए
लिंग हस्त से छूते हुए, लिंग नासिका से सूँघते हुए,
लिंग श्रोत्र से सुनते हुए, लिंग पाद से चलते हुए
सर्वांग लिंगमय होनेवाले शरण के संग सुख में
मुझे रहने दो बसवप्रिय कूडल चन्नबसवण्णा॥ 28॥

प्रशंसा से खुश हो मत, निन्दा से डरकर भागो मत,
आगे-पीछे बोलो मत, सन्देह करो मत,
द्वन्द्व मिटकर रहे तो,
वही बसवप्रिय कूडल चन्नबसवण्णा॥ 29॥

हीरे के घर में रहते हुए
दीमक के छूने का संशय क्यों?
भारी हाथी पर आते हुए
कुतिया सूँघने का सन्देह क्यों?

हाथ में संजीवनी रहते हुए
आज और कल के बारे में सन्देह क्यों?
सज्जन और सद्भक्तों के संग में रहते हुए
जिन्दा और मरा का सन्देह क्यों?
दस लोगों के बीच का साँप नहीं मरेगा
इस कहावत के अनुसार
सदा शरणों के संग में रहकर भी
और अन्य रीति भी हैं, ऐसे भाव रखनेवाले
गधे जैसे मनुष्यों को निकट आने देने के समान
यहीं खड़े होकर लज्जा से हँसता रहा,
हमारे बसवप्रिय कूडल चन्नबसवण्णा॥ 30॥

शरण की रीति ऐसी है कि
पानी में पड़े हिमखंड जैसे,
नमक कण होकर समन्दर मिलने के जैसे
लाख की गुड़िया को ज्वाला की माला पहनाने के जैसे,
सुगंध से मिले वायु के समान,
गर्जन कर दिखाते आकाश जैसे
अब तो ऐसे शरण की रीति, पहचाने तो ऐक्य स्थिति है।
इसमें निश्चिन्त हो तो वही निराकार
बसवप्रिय कूडल चन्नबसवण्णा॥ 31॥

शीलवान, शीलवान कहते हैं।
शीलत्व को कौन जाने बताओ?
भूमि को शील कहूँ तो
अशुद्ध अठारह जाति के रहने, बोलने के लिए एक ही थी भूमि।
जल को शील कहूँ?
मछली, मगरमच्छ, पक्षी, मृगों ने नहाकर उच्छिष्ट किया।
फसल को शील कहूँ तो
बैल, गधा खाकर बचा उच्छिष्ट।
सोने को शील कहूँ?
छाती पर बोझ बना था।
स्त्री को शील कहूँ?
दृष्टि पर माया बनकर सताती रही है।

कहो भैय्या वह शील कौन-सा है?
इस जाल में फँसने वाले सब दुश्शील हैं,
इसे पकड़कर भी पकड़े बिना, छोड़कर भी छोड़े बिना रहकर
मनस्साक्षी से जो शील है वही सच्चा शील है,
बसवप्रिय कूडल चन्नबसवण्णा॥ 32॥

सती-सुत, माता-पिता जैसे मोह में पड़े तो
उसे लिंग नहीं, लिंग को वह नहीं
इसका कारण है कि
उसका ध्यान सती-सुत के प्रति
माता-पिता के प्रति रहता है
लिंग पर नहीं।
इसका कारण है कि वह जो धारण करता है वह लिंग नहीं,
वह जो धारण करता है, वह विभूति नहीं, रुद्राक्षी नहीं
क्योंकि वह आचार से दूर है।
बसवप्रिय कूडल चन्नबसवण्णा॥ 33॥

मरते समय भगवान का नाम लेने से मौत छोड़ती क्या?
ये कैसी बात करते हैं, भैय्या?
जीवन में जीने के समय में गुरु-लिंग-जंगम को जाने बिना
कूड़ा-करकट खाये हुए कुत्ते की तरह
डगमगाकर चलते-फिरते, गिरते समय वहाँ देव होना समझकर
शिव-शिव बोलने से, इसे देखकर शरम से हँसता था,
हमारे बसवप्रिय कूडल चन्नबसवण्णा॥ 34॥

सीमा भूमि से क्या लेना-देना जो सोने को तुच्छ समझता हो?
काम के अँधेरे से क्या, जो काम पर विजय पाया हो?
आप स्वयं बनने वाले को नित्य-नियम से क्या लेना-देना?
निश्शून्य महामहिम शरण को शील निश्शील से क्या लेना-देना?
बसवप्रिय कूडल चन्नबसवण्णा॥ 35॥

दिन उल्लू को रात होगा।
रात चमगादड़ को दिन होगा। यह जग का खेल है
दिन-रात का उभय भेद मिटाकर निगमों से परे

सगुण-निर्गुण अगम्य अगोचर होनेवाले
महाघन गुरु के स्वरूप को
आपके शरण नहीं जानेंगे तो
मर्त्य मरण की बाधा में पड़ा मनुष्य क्या जानेगा,
बसवप्रिय कूडल चन्नबसवण्णा ॥ 36 ॥

बहते पानी की तरह चंचल मन को
रुको कहकर ठहराने वाले पुरुष होंगे क्या?
तूफान के जोरदार झोंकों से लपटों में जलती ज्वाला
को कौन स्थिर कर सकता है?
महाशून्य के आन्तर्य के रहस्य को जाननेवाले कोई हैं?
जो कहते हैं कि जानते हैं हम
वे अन्न मद, अहंकार मद, कुल मद, छल मद,
यौवन मद, विद्या मद, तप का मद, आत्मा का मद
ऐसे अष्ट मद में पड़कर बोलते हैं, यह हम जानते हैं।
दृष्ट नष्ट का अर्थ नहीं समझते हुए वे सब भ्रष्ट हुए
आपका स्वरूप जाने बिना
बसवप्रिय कूडल चन्नबसवण्णा ॥ 37 ॥

कई प्रकार से सुन्दर मधुर गीत गाने से क्या हुआ
लिंग स्वरूप को जाने बिना?
चाहे वीर हो या वैराग्य सर पर चढ़ाकर घूमने से क्या हुआ
माया के जाल से खिसक कर बाहर आए बिना?
आपका स्वरूप देख नहीं पाते
बसवप्रिय कूडल चन्नबसवण्णा ॥ 38 ॥

घास-फूस-कचरा निकाल कर स्वच्छ किए
हुए खेत में कूड़ा-करकट बोनेवाले पागलों की तरह
विषय-सुखों के झूठे भ्रम में लोलुप होकर
तकलीफ में पड़ने वाले मनुष्य कैसे जान सकते
महाघन गुरु के स्वरूप को?
मरण बाधा में पड़नेवाले आपको कैसे जान सकते हैं
बसवप्रिय कूडल चन्नबसवण्णा? ॥ 39 ॥

भूख मिटाने अन्न स्वीकार करते हैं,
विषय के मोह में झूठ बोलते हैं,
नये-नये व्यसन में पड़कर
भस्म धारण करके सारा विश्व घूमते हैं।
इस मिथ्या को छोड़कर, माया के धुँधलेपन को दूर किए बिना
नहीं समा सकता हमारा बसवप्रिय कूडल चन्नबसवण्णा॥ 40॥

दूध को देख बिल्ली मीठी आवाज करते हुए उसे पीते समय
बच्चे की खातिर रखे दूध को बिल्ली का पीना देखकर नारी
डंडे से उसे मारने से, उठते-गिरते डगमगाकर दौड़ने की तरह
क्या कहते हो भैय्या?
मर्त्य के मनुष्य इन्द्रियों को संयम में नहीं रखते हुए
अपने जीवन को भूलकर
मौत के मुँह में, रोते-डूबते रहने पर भी
नहीं जाना देखो, बसवप्रिय कूडल चन्नबसवण्णा॥ 41॥

साँप को पकड़ना, सँपेरा जानेगा, नहीं तो
दूर खड़ा सामान्य व्यक्ति कैसे जानेगा?
दर्द को व्याधि की पीड़ा उठाने वाला जानता है,
वरना कहीं रहने वाला पागल जानेगा क्या?
हे देव, आपके शरण के ऐक्य का रहस्य
दर्द उठाने वाले, पीड़ा उठाने वाले, उद्वेग में पड़े हुए
मूर्ख कैसे जान सकते हैं लिंगैक्य की रीति को
बसवप्रिय कूडल चन्नबसवण्णा?॥ 42॥

मनुष्य जन्म में पैदा होना ही क्यों?
गले में लिंगधारण करना ही क्यों?
धारण करके भी उसका स्वरूप देखे बिना, पीड़ा में उद्विग्न होकर
भूमि पर ढूँढ़ना क्यों?
ढूँढ़कर भी नहीं देख सकने के कारण मर कर गढ़वाना क्यों?
इसे खूब जानकर जनम-मरण रहित शरणों को
नित्य-नित्य स्मरण करके धन्य हुआ मैं
हे बसवप्रिय कूडल चन्नबसवण्णा!॥ 43॥

पैदा होनेवाले सभी मनुष्यों का
पेट पालना क्या आश्चर्य है!
क्षुद्र शव को जलाकर
अस्पृश्य अपना पेट पाल रहा है।
हाट में छाती पर पत्थर ढोकर
अपना पेट पाल रहा है।
बोल-बोलकर दूसरों के सामने याचना करनेवाला
भीख माँगते हुए पेट पाल रहा है
लिंग स्वरूप को नहीं जाननेवाले,
इन लोगों के साथ हो जाते हैं;
हमारे शरण इनके साथ नहीं हैं देखो,
बसवप्रिय कूडल चन्नबसवण्णा॥ 44॥

बाँबी के ऊपर का साँप मरा समझकर,
छूकर जीने वाले मनुष्य हैं क्या?
बाजू में आए बाघ का आलिंगन करनेवाले मनुष्य हैं क्या?
तत्त्व को जाने हुए शरण मरने वालों के समान हो तो
उन्हें गधा कहकर मर्त्य के लोग बलपूर्वक बोलें तो वे क्या जानें?
वैसे बोलने वाले इधर भी नहीं उधर भी नहीं देखो,
बसवप्रिय कूडल चन्नबसवण्णा॥ 45॥

प्रात:काल से सूर्यास्त तक
आपको आवृत्त माया संसार का नाप-तौल करते हुए
अँधेरा हो तो भद्दे विषयों में
डूबते, मरकर पैदा होते हुए
फिर से सुबह होने पर, तत्त्वज्ञान की बात कहनेवाले
अज्ञानी मनुष्यों को देख
उधर न जाते हुए इधर ही खड़े होकर शरण हँसता था,
हमारे बसवप्रिय कूडल चन्नबसवण्णा॥ 46॥

समय-समय पर लिंग पूजा करके भी,
सत्य कौन-सा, नित्य कौन-सा नहीं समझते हुए सारा जग भ्रष्ट हुआ
सत्य बोलने वाले शरणों को मूर्ख मानव क्या जाने?
झूठ बोलते, झूठा उपदेश देनेवाले, हीन लोगों का स्वागत करते हैं।

ऐसे अनित्य देहियों को भक्त कहकर, जंगम कहकर
उन्हें देखने से, उनसे बोलने से, उन्हें देने से,
घोर नरक प्राप्त होगा, इस प्रकार आद्यों का वचन है।
बसवप्रिय कूडल चन्नबसवण्णा॥ 47॥

लिंगम्मा के वचन

अंग को भूले हुए को लिंग की आवश्यकता क्यों?
ज्ञान पाने पर संकेत की आवश्यकता क्यों?
जो खुद को जानता है उसे ध्यान की आवश्यकता क्यों?
जिसका मन मुग्ध हो उसे मानवों की आवश्यकता क्यों?
जो आशा रहित है उसे रोष की आवश्यकता क्यों?
कामदहन करनेवाले को परेशानी की आवश्यकता क्यों?
जो लौकिक चाल से अतीत है उसे बोल की आवश्यकता क्यों?
निश्चिन्त जो है उसे मंत्रोच्चारण की आवश्यकता क्यों?
शून्य में जो शून्य हो गया है उसे तन भाव की आवश्यकता क्यों?
अपने को भूलकर आपको समझे शरण को
वहीं पर लिंगैक्य स्थिति मिलती है, देखो,
अप्पण्णाप्रिय चन्नबसवण्णा॥ 1॥

अंग जो है वह लिंग में समा गया था;
लिंग जो है वह अंग में समा गया था,
अंग में समाए लिंग को प्यासी आँखों से देखे तो
मंगल का महा प्रकाश दिखायी पड़ा।
ऐसे मंगल प्रकाश को दिखानेवाले शरण के चरणों में पड़कर
मैं सुखी बनी, अप्पण्णाप्रिय चन्नबसवण्णा॥ 2॥

भैया, नरों में जन्म लेकर
विस्मरण में पड़ी मुझको बुला लाकर
महा शरणों ने मुझे लिंग संकेत को दिखाया।
गुरु का तत्त्व समझाया
समझाया कि जंगम ही जग का करतार है।
ऐसे लोगों के तत्त्व पर मन को स्थिर किया
काया भी जीव है इसे समझा।

भवबन्धन को तोड़ दिया, मन को निर्मल कर लिया।
स्वच्छ दर्पण के समान चित्त शुद्ध होने पर
आपकी छाप मुझ पर लगने पर, आपके चरणों में पड़कर
मैं निजमुक्त हुई अप्पण्णाप्रिय चन्नबसवण्णा ॥ 3 ॥

स्वामी, मैं जिन जिन भवान्तरों में आई
आपने पार कराया, उसे न समझ सकी
आँखों को दर्पण दिखाने पर भी मैं आपको न देख सकी।
इसलिए, आप मन के लिए प्राण के रूप में आए
तन के लिए साकार होकर दिखाई पड़े
आपकी पहचान मिलते ही
मेरा तन गल गया, मन आपमें लीन हो गया।
मेरा मृत्युभय दूर हो गया; मेरा कायागुण नष्ट हो गया
इन्द्रिय गुण भस्म हो गया। भाव नष्ट हो गया,
इच्छाएँ सत्त्वहीन होती गईं।
महादेव शरण चन्नमल्लेश्वर के चरणों में पड़कर
मैं निजमुक्त हो गई, हे अप्पण्णाप्रिय चन्नबसवण्णा! ॥ 4 ॥

इच्छा को मिटाकर, रोष को रोककर,
जगत् के मोहपाश को तोड़कर–
ईश्वर कहलानेवाले शरणों को
जग के ओछे लोग क्या जानें
अप्पण्णाप्रिय चन्नबसवण्णा ॥ 5 ॥

जब तक आशा है रोष छूटता नहीं
जब तक कामभाव है भ्रांति छूटती नहीं
जब तक देहगुण है जीवन बुद्धि छूटती नहीं
जब तक भाव है इच्छा कम न होती
जब तक चाल अच्छी है बात बिगड़ती नहीं
इन सबके वश में रहकर भी
इन्हें पहले ही जान गए थे ऐसा समझनेवाले
हे सन्देही, सुनिए :
हमारे शरण पहले को कैसे जान गए—

इच्छा नष्ट कर ली, रोष मिटा लिया
कामभाव को जला दिया, भ्रांति नष्ट कर ली
देहगुण नष्ट कर लिया, जीवन बुद्धि नष्ट कर ली;
भाव शून्य कर लिया, इच्छा मिटा ली
इस प्रकार पहले को जानकर आगे लिंग के वश में रहे शरणों को
ये सन्देही क्या जाने, अप्पण्णाप्रिय चन्नबसवण्णा॥ 6॥

आँखों के सामने माणिक के रहते क्यों न देख रहे हो?
द्वार के सामने दूध का सागर बहने पर भी
स्रोत के पानी के लिए जाने के समान
आँखों के आगे महाशरण के होते हुए भी अँधेरा है ऐसा क्यों कहते हो?
और अन्य दैव को ढूँढ़ने की बात क्यों कहते हो?
महाशरण है हमारे अप्पण्णाप्रिय चन्नबसवण्णा॥ 7॥

देखा है, सुना है ऐसे द्वन्द्व को मिटाकर
खाया है, पहना है ऐसा कृतज्ञभाव छोड़कर
चला है, बोला है, ऐसे भ्रम को रोककर, जग का खेल रोककर,
मायाजाल रूपी लोगों के झंझट में न फँसकर पार कर गए
शरणों के चरणों में शरणु कह नमस्कार कर धन्य हुई
अप्पण्णाप्रिय चन्नबसवण्णा॥ 8॥

जो अमर है, उसके लिए अँधेरा, रोशनी ऐसे भाव नहीं है
इहचित्त, परचित्त ऐसा भेदभाव उसे नहीं है,
जो परवस्तु का मूल जानता है।
उसे नित्य-अनित्य का भाव नहीं जो कर्तृ खुद ही हैं।
इन तीनों की पहचान लेकर निश्चिन्त होकर शून्य में समा जानेवाले
शरणों के चरणों में शरणु कह नमस्कार कर सुखी हुई।
अप्पण्णाप्रिय चन्नबसवण्णा॥ 9॥

कैलास, मर्त्यलोक कहते हैं
कैलास क्या है? मर्त्यलोक क्या है?
वहाँ की चाल भी एक ही है
यहाँ की चाल भी एक ही है

वहाँ की बोल भी एक ही है
यहाँ की बोल भी एक ही, देखो जी।
कैलास के लोगों को देवता कहते हैं
मर्त्यलोक वालों को महागण कहते हैं।
सुरलोक में सहस्रों वर्षों तक मिटते नहीं कहते हैं
नरलोक में मर-मरकर जन्म लेते हैं कहते
इसे देख हमारे शरणों ने
सुरलोक और नरलोक को तृण समान मानकर
भवसंसार पार करके, अपने-अपने जन्म के बारे में जानकर
महा प्रकाश में समाकर, उस प्रकाश में निराकार होकर
लीन हो गए, अप्पण्णाप्रिय चन्नबसवण्णा॥ 10॥

तन नष्ट हो तो क्या हुआ जब मन नष्ट न हुआ?
वाक् नष्ट हो तो क्या हुआ जब चाह-अनचाह न नष्ट हुआ?
अंगसुख नष्ट हो तो क्या हुआ जब आँखों के सामने अँधेरा न नष्ट हुआ?
मन मुग्ध हो तो क्या हुआ जब अहं छूटा नहीं तो?
इस सब में रहकर भी, अपने को श्रेष्ठ माननेवाले की बात
नहीं मानते हैं, हमारे अप्पण्णाप्रिय चन्नबसवण्णा॥ 11॥

तन भाव पिघलाकर, भटकते मन को स्थिर कर
अंगगुण मिटाकर, लिंगगुण स्थिर कर
भाव मिटाकर, इच्छाएँ नष्ट कर
महादेव बने शरणों को
जग के मानव कैसे जानेंगे, अप्पण्णाप्रिय चन्नबसवण्णा॥ 12॥

तन रूपी बाँबी में मन रूपी साँप
फन छिपाकर रहे तो
ज्ञानशक्ति आकर जगाने पर
ज्वाला भभकते फन फैलाकर ऊर्ध्व में चढ़ने पर
अष्टमद सब चूर-चूर हो गए
ज्ञानेन्द्रिय सब भस्म हो गईं।
शेष शक्ति को देख
मन की निश्चिन्तता को देख,

पश्चिम का द्वार खोलकर,
सिर्फ निराकार शून्य के प्रकाश में, विहार कर
सुखी हुई मैं अप्पण्णाप्रिय चन्नबसवण्णा ॥ 13 ॥

मनुष्यों से न माँगती, देवताओं का गान न करती,
इन्द्रियों को भटकने न देती,
काम के जाल में न पड़ती,
भुलावे में न पड़ती,
प्रणव पंचाक्षरी मंत्र ॐ नमः शिवाय का जप करने से
तन भूलकर निज मुक्त हुई हूँ
अप्पण्णाप्रिय चन्नबसवण्णा ॥ 14 ॥

आपके चरणों में पड़ने से मन पावन हो गया
मेरा तन शुद्ध हुआ; देहगुण मिट गया।
ज्ञानेन्द्रिय गुण भस्म होकर तन भाव मिटकर, आकांक्षाएँ मिटकर
महादेव बने शरण का चरण पकड़कर सचमुच मुक्त हुई हूँ मैं
अप्पण्णाप्रिय चन्नबसवण्णा ॥ 15 ॥

ध्यान करना चाहूँ तो क्या ध्यान करूँ।
मन तेजोहीन धुँधला पड़ गया था, तन शून्य हो गया था।
कायक गुण गल चुका। देह से अहं मिट गया था।
अपने आपसे प्रकाश में झूमते मैं सुखी बनी
अप्पण्णाप्रिय चन्नबसवण्णा ॥ 16 ॥

मन याद कर रहा है।
बुरी विषय वासना की ओर मन बहक रहा है।
डाली की चोटी की ओर जा रहा है मन
मन किसी भी नियम में बँधता नहीं,
छोड़ देने पर मन जाता भी नहीं।
अपनी इच्छा पर मनमानी करते मन को नियम में बाँधकर
लक्ष्य में स्थिर करके शून्य में विहरनेवाले
शरणों के चरणों में मैं समा रही
अप्पण्णाप्रिय चन्नबसवण्णा ॥ 17 ॥

देखने के लिए आँखें नहीं हैं।
सुनने के लिए कान नहीं हैं।
सूँघने के लिए नासिका नहीं।
बोलने के लिए मुँह नहीं,
पकड़ने के लिए हाथ नहीं,
चलने के लिए पैर नहीं।
स्मरण करने के लिए मन नहीं
इस प्रकार स्मरण परिपूर्ण होकर
शरणों के चरणों में ही ऐक्य होकर सुखी हूँ मैं
अप्पण्णाप्रिय चन्नबसवण्णा॥ 18॥

मन विस्मरण के लिए आगे था
तन मन की भ्रांति के लिए आगे था।
इच्छा रोष आदि रोके हुए थे।
इनमें जगदीश्वर कहलानेवाले की बात पीछे रह जाती है।
हमारे अप्पण्णाप्रिय चन्नबसवण्णा॥ 19॥

माणिक दिखे तो कोई दिखाते हैं क्या? नहीं
मोती दिखे तो पहनते हैं, परन्तु
खोलकर दिखाते हैं क्या?
उस मोती के स्वरूप को, माणिक के मूल्य को
खोलकर दिखाकर रक्षा करने के कारण
सिर्फ शून्य प्रकाश में विहर कर
आपके चरणों में सचमुच मुक्त हो गई चन्नमल्लेश्वरा
अप्पण्णाप्रिय चन्नबसवण्णा॥ 20॥

बस, लोक का ऋण चुक गया
तन का मोह छूट गया
मन की चंचलता रुक गई
शब्दसमूह सूख गया
महाघन में समा गया
प्रकाश का मिलन हो गया
शून्य में झूमते सुखी हो गई मैं
अप्पण्णाप्रिय चन्नबसवण्णा॥ 21॥

मरने के पहले मृत-सा रहते हैं
वे हमारे शरणों के बिना किसी के वश में नहीं होते।
वह इस प्रकार है : शरणों ने रात-दिन की अभिलाषा छोड़ दी।
जग का खेल भूल गए, न खेलनेवाली लीला खेली।
कोई देख न सके ऐसे घन महिम को देखा।
वे महाप्रकाश में खुशी से झूमते सुखी हो गए
हमारे अप्पण्णाप्रिय चन्नबसवण्णा के शरण॥ 22॥

अर्थ निर्देश

गुरु

गुरु को सामान्यतः स्पर्श-मणि की उपाधि दी गई है; जो लौह समान शिष्य को अपने स्पर्श से कंचन बना देता है। लिंगायत के अनुसार गुरु ज्योति-स्वरूप होता है और जब शिष्य को अनुगृहीत करता है तो शिष्य में ज्योति जगाता है, अपने समान शिष्य को भी ज्योतिर्मय बना देता है। दीक्षागुरु, शिक्षागुरु और मोक्षगुरु के रूप में गुरु के तीन आयाम होते हैं। लिंगायत में ज्ञान प्राप्ति के बाद गुरु-शिष्य समान होते हैं।

लिंग

लिंग का तात्त्विक अर्थ परतत्त्व, सच्चिदानन्द स्वरूप दीक्षा देते समय, गुरु भक्त को लिंग देता है। मन्दिर में स्थापित लिंग को लिंगायत स्थावर कहते हैं, जो जड़ है इसलिए उसकी आराधना तिरस्कृत है। इष्टलिंग पूजा शिवयोग या लिंगांग सामरस्य कहलाती है।

जंगम

जंगम जीव उन्मुक्त होते हैं और भक्तों को आध्यात्मिक और विवेक साधना में मार्गदर्शन करते हुए पर्यटन करते रहते हैं। जंगम चैतन्य, चलनशील, परिवर्तनशील समाज का प्रतीक भी है।

प्रसाद

गुरु लिंग या जंगम का दिया हुआ सब कुछ प्रसाद अर्थात् पवित्र है, स्वीकार योग्य है। व्यक्ति जो भोग रहा है उसे यदि इस समाज का दिया हुआ मानता है, तो वस्तु योग की पवित्रता बढ़ती है। प्रसाद का शाब्दिक अर्थ भी देवार्पित वस्तु है।

दासोह

विनयभाव से प्रामाणिक परिश्रम करना और अर्जित धन या वस्तु को अधिक संग्रह न कर सामाजिक हित के लिए देना दासोह है। इसमें देनेवाला अहम से मुक्त है और लेनेवाला हीनभाव से मुक्त है।

अष्टावरण

आध्यात्मिक क्षेत्र में शिवयोग के सत्-चित्-आनन्द की प्राप्ति के लिए भक्त के लिए अष्टावरण का आयोजन किया गया है। साधना के लिए भक्त की अष्ट-आवरणों के रूप में ये तत्त्व भक्त की रक्षा करते हैं। ये हैं—गुरु, लिंग, जंगम, पादोदक, प्रसाद, विभूति, रुद्राक्षी, मंत्र।

पंचाचार

भक्त की साधना के लिए पाँच आचारों का निश्चय किया गया है। वे हैं—लिंगाचार, सदाचार, शिवाचार, भ्रत्याचार और गणाचार।

षट्स्थल

शिवयोग साधना में भक्त के विकास के लिए छह आयामों का आयोजन है, जो इस प्रकार है—भक्तस्थल, माहेश्वरस्थल, प्रसादीस्थल, प्राणलिंगि स्थल, शरणस्थल और ऐक्यस्थल।

तात्त्विक दृष्टि से अष्टावरण अध्यात्म की पंचाचार समाजमुखी आचार संहिता या संविदा का द्योतक है। षट्स्थल साधना ऊर्ध्वमुखी विकास की यात्रा है।

इसी लेखक के और भी प्रकशित ग्रन्थ

हिन्दी

(1) अधूरे शब्द (कविता संकलन)
(2) आधुनिक हिन्दी काव्य प्रकाश (सं.)
(3) संतों और शिवशरणों के काव्य में सामाजिक चेतना
(4) शरण और संत : सामाजिक चिन्तन
(5) बारहवीं सदी की कवयित्री : अक्क महादेवी और स्त्री विमर्श, (राधाकृष्ण दिल्ली)
(6) बसवेश्वर : काव्य शक्ति और सामाजिक शक्ति : (लोकभारती, इलाहाबाद)
(7) वचन साहित्य और संत साहित्य का समाज शास्त्र (राजपाल, दिल्ली)
(8) शिवयोगी सिद्धरामेश्वर
(9) बसवादि शरणों के साहित्य की सामाजिक चेतना
(10) बारहवीं सदी की कवयित्रियाँ और स्त्री विमर्श (राधाकृष्ण, दिल्ली)
(11) बसवेश्वर : समता की ध्वनि
(12) चन्नबसवण्णा : ज्ञान की निधि
(13) अल्लम प्रभु : प्रतिभा का शिखर
(14) सिद्धरामेश्वर : व्यक्ति-कृति
(15) मोकिंगे मारय्या-मोकिंगे महादेवी
(16) हड़पद अप्पण्णा-लिंगमा
(17) आय्दक्की मारय्या-आय्दक्की लक्कम्मा
(18) उरिलिंग पेद्दी-काळव्वे
(19) वचन चिन्तन
(20) गांधीगिरी

कन्नड़ से अनूदित

(21) सिद्धरामेश्वर के चुने हुए १०८ वचन (अनु.)
(22) बसव चेतना (अनु.)
(23) चन्द्रगिरि के किनारे कन्नड़ उपन्यास, किताब घर-दिल्ली
(24) हिन्दी-कन्नड़-हिन्दी संवाद पुस्तक
(केन्द्रीय हिन्दी निदेशालय, दिल्ली)

कन्नड़ ग्रन्थ

(25) मुवत्तैदु कवनगळु, (काव्य)
(26) इन्नष्टु कवनगळु (काव्य)
(27) हुलु मेलिन हनिगळु, (लघु कविताएँ)
(28) कौदि (काव्य)
(29) कबीरदासरू (कर्नाटक साहित्य अकादमी, बेंगळोर)
(30) शिवशरण पाटिल जवळी : व्यक्ति - कृति (सं)
(31) दासोह (सं.) रंग शिबिर स्मरणिका
(32) अध्यक्षीय भाषण (जिल्हा कन्नड़ साहित्य परिषद, बीदर)
(33) महिला वचन (सं.)
(34) शब्दद बेडगु (सं.)
(35) शरणरू हागु संतर सामाजिक काळजी
(कन्नड़ साहित्य परिषतु, बेंगलोर)
(36) शरणरू हागु संतर आदर्श समाज
(प्रसारांग गुलबर्गा विश्वविद्यालय)
(37) चुळुकादिरय्या काव्य)
(38) शरणु शरणार्थी गजलगळु (काव्य)
(39) मूवत्तक्के मुनुरू (काव्य)
(40) हाडुगळु उळदाव (काव्य)
(41) बेऊ-बेल्ल (काव्य)
(42) शरणेयरू हागू महिळा सम्पन्नमूल (सं)
(43) शरण साहित्य मत्तु संत साहित्य : जनपर चिन्तनेगळु

(44) जगदगल मुगि लगल
(45) दारी दीपगळु

हिन्दी से अनूदित

(46) समकालीन पंजाबी कवितेगळु
(सं. कर्नाटक साहित्य अकादमी बेंगलोर)
(47) कोगिले अळुतिदे (अनु.) 200 पंजाबी कविताएँ
(48) सौन्दर्य शास्त्र (अनु.) कर्नाटक ललित कला अकादमी, बेंगलोर
(49) ओदी अळुवदु (अनु.)
(50) सफदर हाश्मियवर मक्कळ नाटकगळु (अनु.)
(51) रामजी जागृतनाद (अनु. एनबीटी, दिल्ली)
(52) गजल घलु घलु
(53) रंगु रंगीन गजलगळु
(54) गजलोत्सव
(55) बिरुगाळिगके शान्तरागिरी
(56) पंत अवर कवितेगळु
(57) दिनकर अवर कवितेगळु
(58) अज्ञेय अवर कवितेगळु
(59) महादेवी वर्मा अवर कवितेगळु
(60) उमाशंकर जोशी अवर कवितेगळु
(61) रघुवीर सहाय अवर कवितेगळु
(62) अंबेडकर कवितेगळु
(63) पाश् अवर कवितेगळु
(64) अँधेर नगरी-कुरूडर आने
(एरडु हिन्दी नाटकगळु)

कन्नड़

(65) सतिये साकियाद कविसमय
(66) लंडन् डाट काम (यात्रा अनुभव)

(67) वचन विचारोत्सव
(68) गांधी जीवन मौल्यगळु
(69) ऐसिरी ऐनूरू हनिगळु
(70) साविरद हनिगवितेगळु
(71) आयद 71 कन्नड़ गजलुगळु
(72) आयद 71 कन्नड़ कवितेगळु
(73) आयद 71 हिन्दी कवितेगळु
(74) आयद 71 अनुवाद कवितेगळु

✪✪✪